Cicero zum Vergnügen

Cicero zum Vergnügen

Herausgegeben und übersetzt
von Marion Giebel

Mit 10 Abbildungen

Philipp Reclam jun. Stuttgart

RECLAMS UNIVERSAL-BIBLIOTHEK Nr. 18847

Umschlagillustration: Nikolaus Heidelbach, Köln
Umschlaggestaltung: Eva Knoll, Stuttgart
Gesamtherstellung: Reclam, Ditzingen. Printed in Germany 2012

ISBN 978-3-15-018847-7
www.reclam.de

Inhalt

Anhang

Vorwort

Als um 1345 die Briefsammlungen Ciceros wieder aufgetaucht waren, schrieb Petrarca eine poetische Epistel an sein großes Vorbild: »Deine Briefe, die ich lange Zeit gesucht und dort, wo ich sie am wenigsten vermutete, gefunden habe, begierig habe ich sie durchgelesen. Ich habe dich viel sagen, viel wehklagen, viel hin und her reden hören, Marcus Tullius, und wenn ich auch längst wusste, was für ein Lehrer du gewesen bist, so habe ich jetzt endlich erkannt, was du für ein Mensch warst.«[1]

Petrarca zeigte sich enttäuscht, dass Cicero, der Philosoph, der Fürst der Redekunst, nicht die zurückgezogene, über alles erhabene Existenz des antiken Weisen führte, sondern sich in die Niederungen der Tagespolitik begab und, wie er ihm vorwarf, weichlich und weinerlich, streitsüchtig und wankelmütig war.

Petrarca war weder der Erste noch der Letzte, der an Cicero Anstoß nahm. In der neueren Zeit wertete man ihn gegenüber Caesar ab und bemängelte, dass er nicht ebenso mit groben Stiefeln durch die Weltgeschichte marschiert war. Anstatt beherzt seinen Vorteil im Bürgerkrieg auf Seiten der »großen Män-

1 Francesco Petrarca, *Le Familiari*, ed. V. Rossi, Vol. IV, Lib. XX–XXIV, Firenze 1942, Lib. XXIV 3,1.

ner« zu suchen, überlegte er, auf welcher Seite das Recht zu finden sei, fand es auf keiner und zeigte sich, von des Gedankens Blässe angekränkelt, in einer höchst »unrömischen« Pose.

Man warf Cicero auch vor, dass er damals die Notwendigkeit einer monarchischen Staatsform nicht erkannte und sich stattdessen an die abgelebte römische Republik klammerte. Was war er vollends für ein naiver Utopist, zu glauben, mit moralischer Integrität und Verantwortungsbewusstsein sei der römische Staat, oder überhaupt ein Staat, zu retten!

Was jene von Petrarca gerügten »menschlichen Regungen« angeht, so werden wir eher dankbar dafür sein, in Ciceros Werken und vor allem in seinen Briefen einen antiken Menschen zu finden, der nicht als »Klassiker« auf einem Podest steht. Wir erleben ihn in seinem persönlichen Umfeld, mit Freunden und Feinden, hochgestimmt und traurig, heiter und sarkastisch, und wir lassen uns durch den von ihm angelegten Garten der römischen Literatur führen.

Zwischen zwei Bereichen, zwischen Rom und Tusculum, spannt sich sein Leben (106–43 v. Chr.): Da ist einmal die Sphäre der Politik in der *res publica*, die Cicero als *res populi*, als gemeinsame Sache des Volkes, definiert[2] und für die er leben und wirken will. Unser Begriff Staat kann das Emotionale nicht

2 De rep. 1,39.

wiedergeben, das bei Cicero im Wort *res publica* stets mitschwingt. Als die *res publica*, die gemeinsame Sache aller, zur *res privata*, zur Sache von Einzelnen, geworden war, unter der Dreierkoalition Caesar, Pompeius und Crassus (60 v. Chr.), dann unter Caesars Alleinherrschaft (48–44 v. Chr.), trauerte Cicero um die *res publica* »mehr als je eine Mutter um ihren einzigen Sohn«.[3]

Was er so sehr bedauerte, nämlich von den Machthabern kaltgestellt zu sein, erwies sich als Glück für die Nachwelt. Denn in der erzwungenen Muße, die er auf seinen Landgütern wie in dem geliebten Haus bei Tusculum verbrachte, tat sich ihm das Reich der *studia* auf. Studien, also eine weitgespannte Beschäftigung mit – vor allem griechischer – Kunst und Literatur, betrieb der gebildete Römer im *otium*, in der Freizeit und der Muße auf seinen Landgütern. Cicero hat dieses *otium* kultiviert; er hat das Zusammentreffen mit kulturell interessierten Freunden zu den Feiertagen in den Villen in Tusculum oder bei Neapel, Pompeji, Cumae, Formia oder Gaeta zum Rahmen seiner philosophischen Dialoge gemacht. Die Philosophie sollte keine Spezialdisziplin für Eingeweihte bleiben, sondern ihren Platz im römischen Leben erhalten. So kunstvoll und echt zugleich gestaltet Cicero diesen Rahmen seiner Gespräche, dass

3 Fam. 9,20,3, vgl. im vorliegenden Band S. 126.

man, auch ohne das ganze Werk zu lesen, bereits an diesen Eingangssituationen spürt, was der viel zitierte Begriff *humanitas* alles bedeuten kann: nicht nur Menschlichkeit im Gegensatz zur Unmenschlichkeit, sondern eine feine, kultivierte Art im Umgang miteinander, Witz und Freude an eleganter Ausdrucksweise, gegenseitige Anerkennung und Rücksichtnahme. Diese Leichtigkeit und Verfeinerung führte zu einer Auflockerung der althergebrachten strengen Würde, der römischen *gravitas.*

Humanitas als Heiterkeit und Liebenswürdigkeit im geselligen Zusammensein, wie sie sich etwa in den Briefen an den Freund Paetus spiegelt, diente gleichzeitig dazu, die Widrigkeiten im öffentlichen Leben leichter zu ertragen. Und diese gab es reichlich für Cicero, schon in den Zeiten, da die römische Republik dem Anschein nach noch intakt war. Der Höhepunkt seines Lebens, das Konsulatsjahr (63 v. Chr.) mit der Niederwerfung Catilinas und seiner Anhänger, wurde Anlass zu seiner größten Niederlage: Als sich die politische Konstellation gewandelt hatte, musste der »Vater des Vaterlandes« wegen angeblich unrechtmäßiger Hinrichtung der Catilinarier in die Verbannung gehen (58–57 v. Chr.). Die treibende Kraft war Publius Clodius, aus der altadligen Sippe der Appii Claudii, der seinen Adel abgelegt hatte und Plebejer geworden war, um das einflussreiche Amt des Volkstribuns innehaben zu können. Cicero hatte ihm in einem Skandalprozess die Bezeugung eines falschen Alibis verweigert[4] und sich dadurch einen Intimfeind geschaffen. Der Schlagabtausch mit ihm zeigt, ebenso wie die anderen Schimpfkanonaden und komödienreifen Auftritte, wie sich südländische Pose und Freude am geschliffenen Wort Ausdruck verschaffen. »Was haben wir für einen witzigen Konsul!«, bemerkte einmal der ernste Stoiker Cato der Jüngere.[5] Dass manches nicht so ernst zu nehmen ist und genommen wurde, beweist die Tatsache, dass Cicero wegen eines Grundstückskaufs mit Clodia verhandeln wollte, der Schwester des Clodius, die er zugunsten seines Klienten Caelius in einer Prozessrede übel angeschwärzt hatte.[6] (Falls sie Catulls »Lesbia« war, stimmte freilich wohl so manches.)

Clodius, der zu schieben glaubte, wurde geschoben: Caesar, der im Hintergrund seine Machtpositi-

4 Bei dem nur Frauen vorbehaltenen, 62 v. Chr. im Hause Caesars begangenen Fest der Bona Dea hatte sich Clodius verkleidet eingeschlichen, um Caesars Gattin Pompeia zu besuchen. Er wurde ertappt und wegen Religionsfrevels angeklagt, aber infolge von Bestechung freigesprochen, vgl. Att. 1,16 (im vorliegenden Band S. 40 ff.) sowie Plutarch, *Cicero* 28 f. Zur Ermordung des Clodius auf der Via Appia durch das Gefolge des Milo im Januar 52 vgl. Cicero, *Rede für Milo*, lat./dt., hrsg. von M. Giebel, Stuttgart 1972, [2]1980 u. ö.; M. Giebel, *Cicero*, Reinbek [17]2008, S. 72 ff.

5 Plutarch, *Vergleich des Demosthenes mit Cicero*, Kap. 1.

6 Vgl. Cicero, *Rede für M. Caelius*, lat./dt., hrsg. von M. Giebel, Stuttgart 1994.

on aufbaute, machte sich die Agitationen des Volkstribuns, die die republikanische Ordnung aushöhlten, zunutze. Cicero aber, obwohl als ehemaliger Konsul ein Mann hohen Ranges, sah sich bei seiner Verbannung, wie auch oft genug nachher, von den Senatoren alleingelassen. Sie vergaßen nie, dass Cicero nicht von Geburt zum obersten Stand, zur Nobilität gehörte, sondern ein *homo novus*, ein Emporkömmling war, der sich nur zum Amtsadel emporgedient hatte. Cicero entstammte keiner der alten, vornehmen Familien Roms, sondern war ein Provinzler aus der Landstadt Arpinum; sein Vater war römischer Ritter gewesen, also Angehöriger des zweiten, minder geachteten römischen Standes. Durch seine große Begabung als Redner und seinen Einsatz für die bestehende Ordnung hatte sich Cicero einen Platz im Senat erkämpft, ja sogar das Konsulat errungen. Freilich ging es den *nobiles* nicht darum, den tüchtigen und redegewaltigen *homo novus* Cicero in ihre Reihen aufzunehmen, als sie ihm das höchste Amt, das sonst das Privileg der Aristokraten war, zukommen ließen. Sie brauchten den Konsul Cicero gegen die Umtriebe ihres Standesgenossen Catilina, der, seit er Bewaffnete um sich sammelte, zu einem »Sicherheitsrisiko« geworden war. Den »neuen Mann«, der seine Aufgabe erwartungsgemäß erfüllt hatte, weiterhin zu stützen, sahen sich die Aristokraten nicht veranlasst, zumal die von ihm verfochtene Einheitsfront aller

Stände durch die Machtübernahme der Triumvirn bald illusorisch wurde. Cicero aber strich seine Großtat nur umso mehr heraus: »sein Konsulat, das er nicht ohne Grund, doch ohne Ende gelobt hatte«[7], was ihn nur noch mehr als Aufsteiger abstempelte. Und indem er sich als Schriftsteller betätigte, gewann er auch keinen vornehmen Nimbus. Dafür hatte man schließlich die Griechen.

Es war eine unglückliche Liebe, die Cicero zur führenden Schicht Roms hegte und die ihn umso schärfer auch deren Unzulänglichkeiten erkennen ließ: Die vornehmen Herren nannten sich *optimates*, die Besten, *principes*, die führenden Männer, aber sie kümmerten sich nicht um die bedenklichen Verfallserscheinungen der *res publica*, sondern nur um ihre Fischteiche! Enttäuscht, aber voller Eifer für die Sache propagierte Cicero seine Vorstellung von den »echten« Optimaten: Es sind staatstreu Gesinnte, die sich für die *res publica* einsetzen, ganz gleich welcher Herkunft. Dass also auch Freigelassene Optimaten sein können, wie es Cicero auf die Frage nach seiner »Optimatensippe« formulierte,[8] musste die »geborenen« Optimaten in ihrem Ressentiment nur bestärken.

Das Gleiche gilt für seine unbedingte Rechtlich-

7 Seneca, *De brevitate vitae – Von der Kürze des Lebens* 5,1.

8 *Rede für Sestius* 96 f., im vorliegenden Band S. 93.

keit und Integrität den Provinzbewohnern gegenüber, wie er es durch sein Vorgehen in Sizilien gegen den vornehmen Räuber Verres oder in Kilikien gegen seinen altadligen Amtsvorgänger Appius Claudius bewies. Mochten ihm die geschundenen Provinzialen auch Lobeskränze winden – die *nobiles* fanden es peinlich, wie der Emporkömmling Cicero, der »Romulus aus Arpinum«[9], hier den uneigennützigen Wohltäter der Menschheit spielte und dabei natürlich die hohen Herren ins Zwielicht rückte.

Ciceros Waffe ist das Wort, die geschliffene Sprache, wie er sie höflich, doch dezidiert gegenüber dem adelsstolzen Appius Claudius, und scherzhaft, aber deutlich gegenüber seinem jungen Freund Caelius gebraucht. Ob Cicero, indem er dessen Wünsche nach Panthern für die Zirkusspiele ablehnte,[10] wirklich zum Überleben der Tiere bis in unsere Zeit beigetragen hat, ist nicht sicher. Jedenfalls hat die Species Kleinasiatischer Leopard zu seinen Ehren den Namen *Pardus panthera tulliana* erhalten.

Es ist erfrischend zu lesen, dass Cicero, der Patron der Provinzen, zunächst nur ungern sein geliebtes Rom verlassen und das Amt des Statthalters im kleinasiatischen Kilikien übernommen hat (51 v. Chr.). Er gibt selbst zu, wie er in sein Amt hineingewachsen

9 Aus einer Sallust zugeschriebenen Invektive gegen Cicero, vgl. Quintilian, *Institutio oratoria* 9,3,89.

10 Fam. 2,11,2, im vorliegenden Band S. 115.

ist und immer mehr Freude und Befriedigung bei seiner Tätigkeit empfand. Mit Selbstironie stellt er sich als Imperator auf Alexanders Spuren vor – doch auch mit ein wenig Stolz, höflich gemildert durch die Sprache, die so mühelos zwischen Ironie und Ernsthaftigkeit wechseln kann.

Die Sprache ist in den meisten Briefen so auf die Adressaten abgestimmt, dass wir den Verlust von deren Schreiben nicht zu sehr bedauern müssen. Der Freund Atticus tritt deutlich hervor als ruhender Pol, als lebenskluger, kritischer Ratgeber und Helfer bei privaten und politischen Problemen. Titus Pomponius, wegen seiner umfassenden griechischen Bildung und seines langjährigen Aufenthalts in Athen Atticus genannt, war römischer Ritter wie Cicero, mied aber im Gegensatz zu diesem als Epikureer das Auftreten auf der politischen Bühne, ohne freilich unpolitisch zu sein. Oft holte Cicero aus Rom in einer prekären Situation den Rat des Atticus ein, der auf seinen griechischen Besitzungen, aber keineswegs im Abseits lebte. Atticus war ein so erfolgreicher Geschäftsmann, dass er sich auch noch als Verleger betätigen konnte. In großen Schreibsälen ließ er die Manuskripte Ciceros abschreiben und vermittelte sie an Freunde und Interessierte. Er nahm sich auch der häufigen Geldsorgen Ciceros an, der, aus keiner vermögenden Familie stammend, den Lebensstandard der vornehmen Familien Roms halten musste (und auch wollte). Atticus half bei der kostspieligen Ausstattung der Villen, vor allem des geliebten Tusculanums. Und er musste auch einspringen bei solch peinlichen Geschichten wie dem Darlehen von Caesar, durch das sich Cicero nicht mundtot machen lassen wollte, obwohl er es nicht zurückzahlen konnte.[11]

Mit Atticus konnte er auch seine familiären Angelegenheiten besprechen. Sein Familienleben mit dem Bruder Quintus, der Gattin Terentia und den Kindern Tullia und Marcus war harmonisch, wie wir vor allem aus den Briefen aus der Verbannung erkennen, die uns nicht weinerlich, sondern erfreulich natürlich und emotional erscheinen. Der Krieg aber brachte, wie häufig auch in späteren Zeiten, eine Entfremdung zwischen den Familienangehörigen, was zur Scheidung von Terentia[12] und zum Bruch mit dem Bruder führte. (Die Brüder versöhnten sich später wieder und fanden gemeinsam den Tod.) Marcus junior, der nicht so begabte Sohn eines begabten Vaters, ein Student von zweifelhaftem Fleiß, wurde vom Vater durch eine rosarote Brille betrachtet, was dieser auch offenherzig eingestand.

Ungetrübt blieb die väterliche Liebe zu Tullia, eine

11 Att. 7,3,11, im vorliegenden Band S. 137.

12 Fam. 14,20 (im vorliegenden Band S. 107f.) ist der letzte Brief Ciceros an Terentia, in kühlem Ton und unter Vermeidung einer Anrede.

Beziehung, die an Innigkeit in der Antike ohne Beispiel ist. Tullia starb mit 32 Jahren nach der Geburt eines Kindes, geschieden von Publius Cornelius Dolabella, dem Mann, den sie sich selbst ausgesucht hatte; die Wahl hatte ihrem Vater einige, wie sich herausstellte, berechtigte Sorgen bereitet. Dolabella war ehrgeizig, charmant und skrupellos und endete als Desperado in den Wirren nach Caesars Ermordung.

Tullias Tod hatte Cicero in eine schwere Depression gestürzt, aus der er sich nur durch die *studia*, die literarische Tätigkeit, befreien konnte. In jeder Lebenslage war die Beschäftigung mit den *litterae*, lesend und selber schreibend, sein Allheilmittel gewesen, ja, er konnte gar nicht anders, als alles, was ihn ansprach, sich geistig anzueignen und ins eigene Wort zu verwandeln: »Stillsitzen und nichts tun, das kann ich einfach nicht«, wie er dem Bruder gegenüber bekannte.[13]

Durch Freunde wie Marcus Brutus kam er in nähere Berührung mit Caesar, der ihn als moralische Instanz schätzte und beharrlich um ihn warb.[14] Cice-

13 Quint. 2,13,1: »quiescere non possumus«; im vorliegenden Band S. 58. – Ähnlich äußert sich Cicero auch in *De divinatione* – Von der Weissagung 2,2,6: »Nec nihil agere poteram« – ›Und da ich auch nicht untätig bleiben konnte‹; im vorliegenden Band S. 131.

14 Caesar erklärte, Ciceros Verdienste seien höher zu bewerten als

ro war nicht blind gegenüber den Vorzügen Caesars; er erkannte in ihm einen Virtuosen der Macht, hoffte aber gerade deswegen bis zuletzt, Caesar werde sich »bessern«, er werde seine Potenz zur Wiederaufrichtung der republikanischen Ordnung gebrauchen. So ist auch Ciceros ablehnende Haltung in seiner nach Caesars Tod verfassten Pflichtenlehre *De officiis* von dem Bedauern geprägt, dass gerade die politisch einflussreichen Männer ihre Talente nicht konstruktiv, sondern egoistisch gebrauchen.[15]

Ebendies bewahrheitete sich auch nach Caesars Tod: Vergeblich war Ciceros Kampf um die Wiederherstellung der Republik; er wurde 43 v. Chr. ein Opfer der Militärdiktatur unter den neuen Triumvirn Antonius, Lepidus und Octavian.[16]

Als Octavian vom Bürgerkriegsgeneral zum Friedenskaiser Augustus geworden war, sagte er, als er einen seiner Enkel bei der Lektüre Ciceros fand, nachdenklich: »Er war ein Meister des Wortes, und ein wahrer Freund seines Vaterlandes.«[17]

alle Lorbeeren der Triumphatoren, denn das Gebiet des Geistes erweitert zu haben bedeute mehr als das Erweitern der Grenzen des Reiches (Plinius, *Naturalis historia* 7,117).

15 De off. 1,26, im vorliegenden Band S. 145.

16 Vgl. Cicero, *Philippische Reden gegen M. Antonius. Erste und zweite Rede*, lat./dt., hrsg. von M. Giebel, Stuttgart 1983; M. Giebel, *Cicero*, Reinbek [17]2008, S. 121 ff.

17 Plutarch, *Cicero* 49.

Dass sich die Schriften des Geächteten erhalten hatten, war das Verdienst Tiros, eines Freigelassenen, der als Sekretär und vertrauter Mitarbeiter zu Ciceros Familie gehörte. Um dem Redefluss seines Meisters folgen zu können, hatte Tiro eine Stenographie entwickelt, die *Notae Tironianae.* Tiro nahm, im Einverständnis mit Cicero, auch Abschriften von Briefen und bewahrte sie mit den Manuskripten der Werke in einem Archiv auf, aus dem sie später herausgegeben wurden. Und wir müssen ihm dankbar sein, dass er keine Zensur vornahm, sondern Cicero mit all seinen menschlichen Schwächen, eitel und boshaft, traurig und heiter, mit Geldsorgen und Familienärger, der Nachwelt überlieferte. Und so können auch die heutigen Leserinnen und Leser, nach einem Ausspruch des Redelehrers Quintilian[18], sicher sein, etwas profitiert zu haben, wenn ihnen Cicero Vergnügen macht.

18 *Institutio oratoria* 10,1,112: »Ille se profecisse sciat, cui Cicero valde placebit.«

I

Als wärest du bei mir, wenn ich dir schreibe

Rom, 20. Januar 60

An Atticus

Nichts fehlt mir im Augenblick so sehr, das sollst du wissen, wie ein Mensch, mit dem ich alles besprechen könnte, was mich bedrückt, der mich liebt, der verständig ist und mit dem ich im Gespräch nichts zurechtbiegen, nichts verheimlichen, nichts verschleiern muss … Denn unsere aus Ehrgeiz geschlossenen Scheinfreundschaften mögen einigen Glanz in der Öffentlichkeit verleihen, für mich privat bringen sie keinen Gewinn.

So ist zwar mein Haus zur Morgenstunde recht voll von Leuten, und wenn ich zum Forum gehe, bin ich umringt von Scharen von Freunden, aber unter der ganzen großen Menge kann ich keinen einzigen finden, mit dem ich frei heraus Scherze machen oder dem ich meinen Kummer anvertrauen könnte. Deshalb warte ich auf dich, sehne mich nach dir, ja, ich möchte dich schon längst hierhaben.

Es gibt so vieles, was mir Sorgen und Kummer macht; hätte ich dich als Zuhörer, so brauchte ich nur ein Gespräch auf einem einzigen Spaziergang, um mir das von der Seele zu schaffen.

Marmorbüste des Marcus Tullius Cicero
Uffizien, Florenz
Fotografie von Gunter Giebel

Formianum, 27. Dezember 50

An Atticus

»Muss ich denn jeden Tag einen Brief von dir haben?«, fragst du. – Wenn ich jemand zum Befördern habe, jeden Tag! – Aber du kommst doch bald selbst. – Also, wenn ich komme, dann mache ich Schluss damit!

Puteolanum, 22. April 44

An Atticus

Wie lange habe ich schon keinen passenden Stoff, um dir zu schreiben! Ich schreibe dennoch, nicht um dir mit meinem Brief Vergnügen zu bereiten, sondern um dir einen Antwortbrief zu entlocken.

Rom, September/Oktober 46

An Paetus

Ich bin zur neunten Stunde beim Essen und mache mir gerade Notizen zu diesem Brief in meine Schreibtafel. Du fragst: »Wo denn?« – Bei Volumnius Eutrapelus. Und neben mir habe ich deine Freunde, rechts Atticus, links Verrius. Du wunderst dich, dass sich unsere Knechtschaft so heiter anlässt? Ja was soll ich machen? Das frage ich dich – du hast ja einen Philosophen im Haus. Soll ich mir das Herz schwer machen, mich quälen? Was erreiche ich damit? Und zu welchem Zweck und Ende? »Lebe in deinen Büchern«, sagst du. – Ja glaubst du denn, ich täte etwas anderes, oder ich könnte überhaupt leben, wenn ich nicht in den Büchern lebte? Es gibt dabei freilich keinen Überdruss, aber doch ein gewisses Maß. Wenn ich sie verlasse – nun, das Essen spielt bei mir keine große Rolle – was du deinem Philosophen Dion als einziges Thema gestellt hast – aber was ich dann tun soll, bevor ich ins Bett gehe – da fällt mir einfach nichts ein.

Aber höre weiter: Links von Eutrapelus sitzt Cytheris … »Aha, bei einem solchen Gelage sieht man Cicero, den berühmten …«, wirst du sagen. Also ich wusste wahrhaftig nicht, dass sie dabei sein würde. Aber schließlich ist auch Aristipp, der Sokratiker, nicht rot geworden, als man ihm vorwarf, er habe die Lais. »Ich habe sie, aber Lais nicht mich!« – Griechisch hört sich's netter an, übersetz es dir, wenn du magst. Mich haben solche Dinge nicht einmal in meinen jungen Jahren bewegt, geschweige denn jetzt im Alter. Am Gastmahl selbst erfreue ich mich; da rede ich, wie es mir gerade einfällt, und lasse meine Seufzer zu lautem Gelächter werden. Und machst du es denn besser – du hast doch sogar mit deinem Philosophen deinen Spott getrieben. Als dieser sagte: »Hat jemand noch eine Frage?«, da gabst du zur Antwort, schon seit dem frühen Morgen fragtest du dich, was es zu essen gäbe! Der arme Tropf erwartete natürlich, du würdest ihn fragen, ob es ein Weltall gäbe oder unzählige. Und das ist dir ganz einerlei. Aber Essen ist keineswegs einerlei, und dir schon gar nicht!

So lebt man also: Jeden Tag wird etwas gelesen oder geschrieben, dann, um uns den Freunden nicht zu entziehen, wird gemeinsam gespeist, nicht nur ohne Verstoß gegen das Gesetz ⟨Caesars gegen Luxus⟩ – falls es heutzutage überhaupt noch so etwas wie ein Gesetz gibt –, nein, wir halten uns ans Erlaubte und bleiben sogar noch ein gutes Teil darunter. Deshalb brauchst du keine Angst vor meinem Besuch zu haben: Du empfängst einen Gast, der nicht viel zu essen braucht, aber viel Spaß haben will.

Tusculanum, 22. Mai 45

An Atticus

Ich habe zwar nichts, was ich dir schreiben könnte, ich schreibe aber dennoch, denn es ist mir dabei so, als unterhalte ich mich mit dir …

Rom, Januar 45

An C. Cassius

Ich glaube, dir ist's schon ein bisschen peinlich, dass dir nun bereits der dritte Brief ins Haus flattert, und von dir noch kein Blättchen, kein Wort. Aber ich will dich nicht drängen; ich erwarte freilich einen recht langen Brief, ja ich beanspruche ihn. Hätte ich immer jemand als Überbringer zur Hand, dann würde ich dir wohl dreimal die Stunde schreiben! Es ist nämlich gewissermaßen so, *als wärest du bei mir, wenn ich dir schreibe.* Aber nicht, wie deine neuen Freunde ⟨die Epikureer⟩ sagen, als Phantasiebildchen. Sie meinen ja, sogar gedankliche Vorstellungen würden durch die *spectra*, wie Catius das nennt, hervorgerufen. Also damit es dir ja nicht entgeht: Der Insubrer Catius, der Epikureer, der kürzlich gestorben ist, nennt das *spectra*, Schemen, was Epikur und vor ihm Demokrit *eidola*, Bildchen, genannt haben. Aber wenn nun auch die Augen von diesen »Schemen« getroffen werden können, weil diese unmittelbar auf sie treffen, wie kann das mit dem Geist gehen? Das sehe ich nicht ein. Du wirst mich also belehren müssen, wenn du heil heimgekommen bist, ob ich freie Verfügung über dein *spectrum* habe, so dass es vor mich hintritt, sobald es mir beliebt, an dich zu denken. Und geht das nicht nur mit dir so – dich trage ich ja in meinem Innern –, nein, wenn ich zum Beispiel meine Gedanken auf die Insel Britannien richte, kommt mir dann ihr *eidolon*, ihr Bildchen, in mein Inneres geflogen?

Aber darüber wollen wir uns später unterhalten; ich wollte nämlich nur einmal die Probe machen, wie du das aufnimmst. Bist du verärgert und verstimmt, dann werde ich noch mehr sagen und fordern, dass du wieder aufgenommen wirst in die Sekte ⟨die Stoa⟩, aus der du »mit Gewalt von bewaffneten Männern« vertrieben worden bist. In diesem Interdikt wird ja gewöhnlich nicht hinzugesetzt: »in diesem Jahre«. Also, wenn es auch schon zwei oder drei Jahre her ist, dass du, geködert von den Lockungen der Lust, die Scheidung von der Tugend eingeleitet hast – wir können den Fall gut noch einmal aufrollen.

Doch zu wem spreche ich da? Doch zu einem Mann voll einzigartiger Energie und Tatkraft, der niemals seiner Würde etwas vergeben hat, seit er ins öffentliche Leben eingetreten ist. In dieser Lehre, so befürchte ich beinahe, muss also doch mehr Saft und Kraft stecken, als ich mir vorstellen konnte – wenn ein Mann wie du ihr Anhänger ist. »Wie kommst du nur auf solche Gedanken?«, wirst du sagen. Weil ich nichts anderes zu schreiben habe; über die Politik kann ich nicht schreiben, denn wie ich darüber denke, dazu mag ich mich nicht äußern.

Rom, Mitte Dezember 46

An C. Cassius

Das wäre ein längerer Brief geworden, wenn man ihn nicht just in dem Moment verlangt hätte, als man schon zu dir abging; länger auch, wenn man etwas Klatsch und Tratsch beigefügt hätte, denn ernsthaft reden können wir kaum ohne Gefahr. »Lachen können wir also?«, meinst du. Es fällt weiß Gott keineswegs leicht, doch haben wir keine andere Ablenkung von unseren verdrießlichen Zuständen. »Wo bleibt die Philosophie?«, fragst du. Bei dir in der Küche, meine macht mir Verdruss, denn sie schämt sich, Sklavin zu sein. Daher tue ich so, als sei ich mit anderem beschäftigt, um nicht von Platon gescholten zu werden.

Über ⟨Caesars Kriegführung in⟩ Spanien bislang nichts Sicheres, überhaupt nichts Neues.

Dass du nicht hier bist, tut mir persönlich leid, für dich freut es mich.

Aber dein Kurier drängt, also leb wohl und behalte mich lieb, wie du es von Kindesbeinen an tust.

Rom, Anfang Januar 45

An C. Cassius

Du hast ja komische Briefboten – ich lasse mich freilich nicht ärgern. Doch jedesmal wenn sie von mir weggehen, verlangen sie einen Brief; wenn sie zu mir kommen, bringen sie aber keinen mit. Und dabei könnten sie doch wenigstens etwas zuvorkommender sein: wenn sie mir nämlich etwas Zeit zum Schreiben ließen! Aber sie kommen gestiefelt und gespornt an und sagen, ihre Reisegefährten warteten bereits am Tor. Also sei nicht böse – du bekommst wieder nur einen kurzen Brief, aber du darfst einen ganz ausführlichen erwarten. – Doch warum entschuldige ich mich eigentlich bei dir: Schließlich kommen deine Leute mit leeren Händen zu mir, zu dir aber kehren sie immer mit Briefen zurück!

Rom, im Jahr 53

An C. Curio

Es gibt viele Gattungen von Briefen, wie du weißt. Am eindeutigsten zu bestimmen ist die Art, wofür das Ganze überhaupt erfunden wurde: nämlich Abwesende zu informieren, wenn es etwas gibt, was man sie in unserem oder in ihrem Interesse wissen lassen möchte. Einen Brief von der Art erwartest du sicher nicht von mir; für deine persönlichen Angelegenheiten hast du ja deine Korrespondenten und Geschäftsträger, und bei mir gibt es da nichts Neues.

Es bleiben noch zwei weitere Gattungen von Briefen, an denen ich großes Vergnügen habe: einmal die vertraulichen und scherzhaften, und dann die ernsten und gewichtigen. Welche Art da nun mehr oder weniger für mich passt, weiß ich nicht. Soll ich brieflich mit dir Späße machen? Der ist, meine ich, bei Gott kein anständiger Bürger, der in solchen Zeiten noch lachen könnte. Oder soll ich mich auf ein ernstes Thema verlegen? Und worüber könnte ein Cicero einem Curio ernsthaft schreiben: doch nur über die Lage des Staates. Hierbei steht es jedoch so mit mir: Was meine Ansicht ist, wage ich nicht zu schreiben, aber was nicht meine Ansicht ist, das mag ich nicht schreiben.

Da mir also kein Stoff für einen Brief übrig bleibt, schließe ich in meiner gewohnten Weise, indem ich dich ermuntere, nach dem höchsten Ruhm zu streben. Es steht dir nämlich eine starke Gegnerin kampfbereit gegenüber: die geradezu unglaublich hohe Erwartung, die man in dich setzt …

In diesem Sinne würde ich dir noch mehr schreiben, wenn ich nicht überzeugt wäre, dass du dich aus eigenem Antrieb schon genügend angespornt fühlst. Und was ich da kurz angedeutet habe, sollte dich nicht anfeuern, sondern dir meine Liebe bezeugen.

Cumanum, 25. Oktober 44

An Paetus

Gestern bin ich auf meinem Cumanum angekommen, morgen bin ich vielleicht bei dir. Aber ich benachrichtige dich vorher, wenn ich es sicher weiß. Zwar erzählte mir M. Caeparius, den ich im Hühnerwald ⟨in Campanien, bei Capua⟩ traf und nach deinem Befinden fragte, du lägest im Bett und hättest es an den Füßen. Das bedauere ich natürlich gebührend, bin aber doch entschlossen, zu dir zu kommen, um dich zu sehen, mich nach deinem Befinden zu erkundigen und auch bei dir zu speisen. Denn dein Koch hat ja wohl nicht auch die Gicht. Erwarte also einen Gast, der kein Vielfraß und kein Freund aufwendiger Gastmähler ist!

Rom, Januar/Februar 43

An Paetus

Dass du es aufgegeben hast, zu Gastmählern zu gehen, bedauere ich. Damit bringst du dich doch um eine Menge Unterhaltung und Vergnügen. Außerdem befürchte ich – ich darf doch offen reden –, du könntest deine ganz spezielle Gewohnheit verlernen und vergessen, nämlich kleine Einladungen zu geben … Als ich ⟨dem Wahrsager⟩ Spurinna den Fall darlegte und ihm dein früheres Leben schilderte, da prophezeite er schwere Gefahren für das Wohl des ganzen Staates, falls du nicht zu deiner früheren Lebensweise zurückgekehrt seiest, wenn der Frühlingswind weht. Derzeit könne man es hinnehmen, wenn du etwa der Kälte wegen nicht gut auf den Beinen bist.

Aber Scherz beiseite, mein lieber Paetus, ich rate dir wirklich, was für mich zu einem glücklichen Leben gehört: mit anständigen, angenehmen und wohlwollenden Menschen zusammenzusein. Nichts gehört mehr zum Leben, nichts trägt mehr zum Glücklichsein bei. Und mir geht es dabei nicht um oberflächliches Vergnügen, sondern um eine Gemeinsamkeit in Leben und Lebensart, um die Entspannung der Gemüter, wie sie sich besonders beim Gespräch im vertrauten Kreis ergibt, einem Gespräch, das gerade beim Gastmahl so angenehm ist. Wir sind da ja weiser als die Griechen. Sie sprechen von Symposien und Syndeipnien, gemeinsamem Trinken und Essen, wir aber von *convivium*, gemeinsamem Leben, weil man dabei vor allem miteinander lebt.

Du siehst, wie ich dich durchs Philosophieren wieder zu Einladungen hinlenken will. Sorge für deine Gesundheit! Das wirst du am leichtesten erreichen, wenn du gelegentlich einmal woanders zum Essen bist.

Aber – bei deiner Liebe zu mir – glaube ja nicht, weil ich so scherzhaft schreibe, ich hätte mich der

Sorge um unseren Staat entledigt. Du darfst überzeugt sein, mein lieber Paetus, dass mich Tag und Nacht nichts anderes umtreibt als der Gedanke an Freiheit und Wohlergehen meiner Mitbürger. Keine Gelegenheit lasse ich vorübergehen, ohne zu mahnen, zu handeln, vorzusorgen. Das ist schließlich und endlich meine Überzeugung: Wenn ich für diese Sorge und diesen Dienst mein Leben einsetzen muss, dann will ich glauben, dass es sinnvoll gelebt worden ist.

Wieder und wieder wünsche ich dir: Lass es dir gutgehen!

II
Was für Zeiten, was für Sitten!

Im Jahr 63

Erste Rede gegen Catilina

Wie lange denn, Catilina, willst du noch unsere Geduld missbrauchen? Wie lange soll dein Wahnsinnstreiben uns verhöhnen? Wo ist die Grenze für deine außer Rand und Band geratene Frechheit? Hat nichts Eindruck auf dich gemacht: nicht die nächtlichen Wachen auf dem Palatin, die Polizeistreifen in der Stadt, die furchtsame Unruhe in der Bevölkerung, der Zusammenschluss aller staatstreu Gesinnten, die starke Sicherung des Versammlungsortes für den Senat hier? Nicht Blick und Miene der Anwesenden? Merkst du nicht, dass deine Pläne allgemein bekannt sind? Siehst du nicht, dass durch die Mitwisserschaft all dieser Männer deine Verschwörung bereits in Fesseln geschlagen ist? Was du in der letzten Nacht und in der Nacht davor getrieben hast, wo du gewesen bist, wen du um dich gesammelt, welchen Plan du gefasst hast – wer von uns, meinst du, wüsste das nicht?

Was für Zeiten, was für Sitten! Der Senat weiß davon, der Konsul sieht es, und doch lebt dieser Mensch! Er lebt? Nein, er kommt sogar in den Senat, nimmt teil an der offiziellen Beratung und bestimmt und bezeichnet mit seinem Blick jeden Einzelnen von uns zur Abschlachtung. Wir aber, wir wackeren Männer, glauben dem Wohl des Staates Genüge zu tun, wenn wir der Raserei und den Waffen dieses Kerls ausweichen. Schon längst hätte man dich, Catilina, auf Befehl des Konsuls zum Tode führen sollen, auf dein Haupt hätte das Unheil kommen müssen, das du schon lange gegen uns aussinnst!

Im Jahr 54

Rede für Plancius

In Rom passiert ja so viel, dass man kaum zu hören bekommt, was sich in den Provinzen abspielt. Ich befürchte nicht, ihr Richter, dass ihr mich für etwas selbstgefällig haltet, wenn ich von meiner Quästur erzähle … Ich habe dort ⟨in Sizilien⟩ alle meine Pflichten mit äußerster Gewissenhaftigkeit erfüllt, und die Sizilier hatten mich dafür mit noch nie dagewesenen Ehrungen ausgezeichnet, so dass ich mit der Hoffnung schied, das römische Volk würde mir Ruhmeskränze winden.

Doch als ich aus der Provinz abgereist war und auf meinem Heimweg nach Puteoli kam, wo sich ja immer eine Menge Leute aus der vornehmen Gesellschaft aufhält, da hätte mich fast der Schlag getroffen, ihr Richter! Da fragte mich doch einer, seit wann ich von Rom weg sei und was es dort Neues gäbe. Ich gab zur Antwort, ich käme gerade aus der Provinz. »Ach ja, natürlich«, sagte er, »aus Afrika, glaub ich.« Mir stieg die Galle, und ich sagte unwillig: »Nein, aus Sizilien.« Darauf ein anderer im Tone des Besserwissers: »Was, du weißt nicht, dass Cicero Quästor in Syrakus ⟨dem Amtssitz des anderen sizilischen Quästors⟩ war?« – Was soll's? Ich gab es auf, mich zu ärgern, und tat, als sei ich einer der Kurgäste.

Aber diese Erfahrung wurde für mich nützlicher, ihr Richter, als wenn mir damals alle gratuliert hätten. Denn nachdem ich eingesehen hatte, dass das römische Volk taube Ohren, aber gute und scharfe Augen hat, legte ich keinen Wert mehr darauf, was die Leute von mir hören würden. Ich sorgte dafür, dass sie mich von nun an tagtäglich vor Augen hatten, ich lebte ständig in ihrem Gesichtskreis und nistete mich auf dem Forum ein, und weder mein Pförtner noch mein Schlaf durften jemand daran hindern, zu mir zu kommen.

Im Jahr 70

Erste Rede gegen Verres

Als man Hortensius, zum künftigen Konsul gewählt, im Gedränge einer riesigen Menschenmenge vom Marsfeld nach Hause geleitete, da begegnete dieser

Menge zufällig Gaius Curio ... Er sieht gerade am Fabiusbogen den Verres im Gedränge, ruft ihm zu und gratuliert ihm mit lauter Stimme. Den Hortensius, der doch zum Konsul gewählt worden war, und seine Verwandten und Freunde, die dabei waren, würdigt er keines Wortes. Bei Verres bleibt er stehen, den umarmt er, den heißt er ohne Sorge zu sein. »Ich verkünde dir«, sagt er, »du bist durch den Ausgang der heutigen Wahlen freigesprochen.« Dies wurde mir, da es so viele ehrenwerte Leute gehört hatten, sogleich hinterbracht, ja jeder, der mich sah, erzählte es mir. Den einen erschien das empörend, den anderen lachhaft: lachhaft denen, die glaubten, der Ausgang des Prozesses gegen Verres hinge von der Glaubwürdigkeit der Zeugen, von der Art der Verbrechen, von der Befugnis der Richter ab und nicht von den Konsularwahlen. Empörend schien es denjenigen, die tiefer blickten und sehr wohl sahen, dass dieser Glückwunsch auf eine Bestechung des Gerichtes gemünzt war. Zu einer solchen Ansicht kamen nämlich ehrenwerte Männer im Gespräch unter sich und mir gegenüber: Ganz offenbar und augenscheinlich gibt es keine Gerichte mehr. Der Angeklagte, der sich am Tag davor selbst schon für verurteilt hielt, der gilt als freigesprochen, nachdem sein Verteidiger zum Konsul gewählt worden ist!

Ich kann durch zahlreiche Zeugen beweisen, dass Verres in Sizilien vor vielen Zuhörern des Öfteren gesagt hat, er habe einen einflussreichen Mann an der Hand, im Vertrauen auf den plündere er die Provinz aus. Nicht für sich allein treibe er Geld auf, sondern er habe die drei Jahre seiner Prätur in Sizilien so eingeteilt, dass er behaupten könne, es gehe ihm prächtig, wenn er die Beute eines Jahres zu seinem eigenen Gewinn verwenden, die des zweiten Jahres seinen Anwälten und Verteidigern überlassen und den Gewinn des dritten, des ergiebigsten und einträglichsten, ganz für seine Richter und Geschworenen aufheben könne … Ich glaube, die auswärtigen Völker werden noch Gesandte an das römische Volk schicken und bitten, dass das Gesetz und die gerichtliche Verfolgung wegen unrechtmäßiger Bereicherung im Amt aufgehoben werden. Wenn es nämlich keine Verfahren mehr gibt, dann wird, meinen sie, jeder nur noch so viel an sich raffen, wie er für sich und seine Kinder braucht. Nun aber, da es solche Gerichtsverfahren gibt, da nimmt jeder so viel, dass es für ihn selber, für Anwälte, Verteidiger, den Prätor und die Richter und Geschworenen genug ist, und das ist ein Fass ohne Boden. Die Habsucht eines Raffgierigen könnten sie noch verkraften, nicht aber den Sieg eines schlimmen Übeltäters vor Gericht.

Zweite Rede gegen Verres

Ihr kennt nun die Maßnahmen dieses Menschen ⟨Verres⟩, ihr Richter, seine Gewissenhaftigkeit, Wachsamkeit, seine Absicherung und Verteidigung der Provinz … An dieser Stelle darf ich wohl die außerordentliche und einzigartige Gründlichkeit unseres großartigen Feldherrn nicht übergehen. Denn das sollt ihr wissen: Unter den Städten Siziliens, in denen die Prätoren in der Regel Aufenthalt nehmen und Gerichtstage abhalten, gab es keine, aus der er sich nicht eine Frau aus vornehmer Familie zur Befriedigung seiner Begierde auserwählt hätte. Und so wurden einige von diesen in aller Öffentlichkeit zum Gelage herbeigeholt; wenn welche einen Schein ihrer Keuschheit retten wollten, kamen sie zu einer bestimmten Zeit und mieden das Licht und die Gesellschaft.

Die Gastmähler fanden aber nicht in der Stille statt, wie es für Prätoren und Feldherrn des römischen Volkes schicklich ist, und auch nicht mit dem Anstand, wie er bei Banketten von Magistratspersonen üblich ist, sondern vielmehr mit Tumult und Streitigkeiten; gar nicht selten kam es sogar zu Kampf und Handgemenge. Unser strenger und gewissenhafter Prätor, der den Gesetzen des römischen Volkes niemals Gehorsam erwies, nahm genaue Rücksicht auf die Gesetze, die beim Pokulieren galten.

Daher endete es gewöhnlich so, dass man den einen vom Gelage wie aus einer Schlacht aufpackte und wegtrug, einen anderen ließ man wie tot zurück, die meisten lagen regungs- und besinnungslos am Boden. Bei diesem Anblick hätte man meinen können, man sähe nicht das Gastmahl eines Prätors, sondern die Schlacht von Cannae als Schurkenstück.

Rom, Anfang Juli 61

An Atticus

Aber wenn du nach dem Verlauf des Prozesses ⟨gegen Clodius⟩ fragst: einfach nicht zu glauben, wie es ausgegangen ist! … Da kommt einer daher, der durch einen Sklaven, einen aus der Gladiatorenkaserne, die ganze Sache in zwei Tagen erledigt. Er holt die Geschworenen heran, verspricht ihnen Geld, verbürgt sich dafür, zahlt es aus. Ja, da gab es für einige der Geschworenen zur Bestechungssumme noch eine krönende Zugabe, nämlich Nächte mit gewissen Damen sowie die Zuführung hochwohlgeborener Bürschlein – ihr guten Götter, was für heillose Zustände! …

Ich habe den Senat zu seiner früheren strengen Würde zurückgerufen und ihn aus seiner Verzagtheit wieder aufgerichtet. Den Clodius aber habe ich mir an Ort und Stelle vorgenommen und ihn vor

Forum Romanum mit der Kurie, wo üblicherweise der Senat tagte

Fotografie von Gunter Giebel

dem Senat durch eine Dauerrede voller wuchtiger Hiebe in Grund und Boden gestampft. Dazu kam noch ein Wortgefecht von gleichem Kaliber, davon sollst du eine Kostprobe haben. Alles andere hat ja doch nicht die Wirkung und den Reiz, wenn jener rednerische Schlagabtausch fehlt, den ihr ⟨Griechen⟩ Agon nennt …

Ich sagte also: »Du irrst dich, Clodius! Die Richter haben dich nicht für ein Weiterleben in Rom aufgespart, sondern für den Kerker. Sie wollten dich nicht in der Bürgerschaft behalten, sondern vorbeugen, dass du mit Verbannung davonkommst …«

Da steht unser hübscher Knabe auf und wirft mir vor, ich sei ⟨nicht in Rom, sondern⟩ in Baiae gewesen. Falsch, aber was soll's? – »Das ist beinahe so«, sage ich, »als behauptetest du, ich sei an einem geheimen Ort gewesen.« – »Was will ein Mensch aus Arpinum mit warmen Bädern?« – »Erzähl das deinem Gönner, der war doch ganz scharf auf die Bäder von jemand aus Arpinum!« (Du weißt schon, die des Marius.) – »Wie lange noch«, sagt er, »sollen wir diesen König ertragen?« – »Du nennst mich König«, sage ich, »wohl weil ein Rex dich nicht in seinem Testament bedacht hat!« (Er hatte ja, so glaubte er, das Erbe des Q. Marcius Rex schon in der Tasche.) – Er: »Du hast ein Haus gekauft.« – Ich: »Du willst wohl sagen, dass du dir Geschworene gekauft hast!« – Er: »Die haben deinem Zeugeneid nicht geglaubt.« – Ich: »Mir haben 25 Geschworene geglaubt, dir 31 nicht; sie haben sich nämlich ihr Geld vorher auszahlen lassen.« – Der gewaltige Lärm, der sich nun erhob, nahm ihm den Mut: Er gab das Reden und die Sache auf.

Im Jahr 56

Rede für Caelius

Es dreht sich in diesem Prozess alles um Clodia, ihr Richter, um eine nicht nur bekannte, sondern auch berüchtigte Frau. Ich will mich über sie nur insoweit äußern, als es für die Widerlegung der Anklage nötig ist …

Ich würde das mit noch mehr Nachdruck tun, wenn mir da nicht meine persönlichen Querelen mit dem Mann dieser Dame dazwischenkämen – mit dem Bruder ⟨Clodius⟩, wollte ich sagen, hier verspreche ich mich doch jedesmal! Nun will ich mich also mäßigen und nicht weiter vorgehen, als mich die Anwaltspflicht und die Sache selbst zwingen. Ich habe es nämlich niemals für angebracht gehalten, mit Frauen Feindschaften auszutragen, schon gar nicht mit einer, die, wie alle sagen, eher jedermanns Freundin als irgendjemandes Feindin ist …

Über die besagte Dame will ich hier nichts weiter äußern. Aber stellen wir uns eine andere vor, ganz verschieden von dieser hier: eine, die sich mit jedermann einlässt, die sich ganz offen jeweils einen Liebhaber auswählt, in deren Gärten, in deren Haus, in deren Villa in Baiae jeder Lebemann freien Zutritt hat. Und die junge Männer durchfüttert und sie für die Knauserigkeit ihrer Väter durch ihren eigenen verschwenderischen Aufwand entschädigt. Wenn diese Dame als Witwe freizügig, als lockeres Frauenzimmer frivol, als reiche Frau verschwenderisch und als zügellose Person nach Art einer Dirne lebte – sollte ich da jemand ⟨Caelius⟩ für einen Ehebrecher halten, der sie ein wenig zu intim gegrüßt hat?

Da sagt nun sicher einer: »Das ist also deine Zucht und Ordnung? So erziehst du die Jugend? Dafür hat dir der Vater diesen Jungen anvertraut und in die Lehre gegeben, dass er seine Jugendzeit in Liebschaften und Vergnügungen hinbringt und du ein solches Leben gar noch zu rechtfertigen suchst?«

Ich meine dazu folgendes, ihr Richter. Wenn es jemand gegeben hat mit einer solchen Willensstärke und Anlage zu sittlicher Kraft und Selbstbeherrschung, dass er alle Vergnügungen verschmähte und sein gesamtes Leben nur auf körperliche Anstrengung und geistiges Streben ausrichtete, wenn dieser keine Freude hatte an Freizeit, Erholung, Zeitvertreib mit Gleichaltrigen, an Spiel und gemeinsamem Mahl, sondern nur Dinge im Leben für erstrebenswert hielt, die mit Ruhm und Ehre verbunden sind, so muss der meiner Ansicht nach mit geradezu göttlichen Gaben bedacht und ausgezeichnet worden sein.

Von dieser Art waren, wie ich meine, Männer wie Camillus, Fabricius, Curius und alle, die unser Staatswesen aus kleinen Anfängen zur Größe erhoben haben. Doch solche Tugendhelden findet man schwerlich in unserer Zeit, ja kaum noch in Büchern. Selbst die Schriften, die uns die Erinnerung an diese altehrwürdige Sittenstrenge bewahren, sind aus der Mode gekommen. Und das gilt nicht nur für uns, die wir ja jene Lebensregeln mehr in Taten als in Worten befolgt haben, sondern auch für die Griechen, diese Muster an Gelehrsamkeit: Wenn sie dergleichen auch nicht in die Tat umsetzen konnten, so waren sie doch immerhin in der Lage, mit Anstand und Pathos darüber zu reden und zu schreiben. Aber auch bei den Griechen haben sich wie die Zeiten so auch die Sitten geändert …

Verlassen wir also diesen verödeten, verwilderten, schon durch Zweige und Gebüsch versperrten Weg. Wir wollen der Jugend einen Freiraum gönnen, sollen die jungen Leute sich ruhig etwas ungezwungen geben. Zum Vergnügen braucht man nicht grundsätzlich nein zu sagen, es muss nicht stets und ständig nach der Richtschnur des Wahren und Guten gehen. Gelegentlich dürfen Lust und Vergnügen auch einmal den Sieg über das Vernünftige davontragen.

Zweite Philippische Rede gegen Marcus Antonius

Was soll ich all seine Erlasse aufzählen, seine Räubereien, die Besitzungen aus Erbschaften, die ihm ⟨M. Antonius⟩ zuteilwurden oder die er gewaltsam an sich brachte? Sein Geldmangel zwang ihn dazu, er wusste nicht mehr aus noch ein … Nach Art eines Räubers musste er leben: Er hatte immer gerade so viel, wie er an sich raffen konnte.

Doch lassen wir diese Zeugnisse handfester Gaunerei, reden wir vielmehr von seiner allerschändlichsten Liederlichkeit. Du mit deinem Riesenschlund, deinem Leibesumfang und deiner ganzen robusten Gladiatorenfigur hattest auf der Hochzeit des Hippias so viel Wein ausgesoffen, dass du am Tag darauf vor den Augen des römischen Volkes kotzen musstest! Ekelhaft, wenn man das mit ansieht, ja, sogar wenn man nur davon hört! Wäre dir das bei deinen Gelagen mit deiner üblichen maßlosen Sauferei passiert, hätte man es schon schlimm gefunden. Aber vor dem versammelten römischen Volk, bei der Ausübung seiner Amtspflichten, als Befehlshaber, übergibt sich dieser Mensch und spuckt seinen Schoß und das ganze Tribunal voll mit weinstinkenden Essensbrocken. – Aber er gibt selbst zu, das gehöre zu seinen Unflätigkeiten; kommen wir also zu feineren Dingen …

Bronzekopf des Marcus Antonius

Louvre, Paris

Als er sich nun kopfüber in die reiche Hinterlassenschaft dieses Mannes ⟨Pompeius⟩ gestürzt hatte, da war er außer sich vor Freude, ganz im Stil einer Komödienfigur: gerade noch arm, dann unverhofft reich. Aber wie es beim Dichter heißt: »Wie gewonnen, so zerronnen.« Unglaublich ist's, geradezu abenteuerlich, wie er diese Fülle von Schätzen in wenigen – nein, nicht Monaten, sondern Tagen verschleudert hat. Da gab es überaus reiche Vorräte an Wein, eine bedeutende Menge an feinstem Silber, kostbare Decken, reichen und luxuriösen Hausrat, allenthalben aufs prächtigste, wie man ihn bei Leuten findet, die zwar nicht damit protzen, aber doch übergenug davon haben. Von all diesen Dingen war innerhalb weniger Tage nichts mehr vorhanden.

Welche Charybdis ist so gefräßig? Eine Charybdis, sage ich? Wenn's diese wirklich gegeben hat, dann war sie doch nur ein einzelnes Wesen: Der Ozean hätte weiß Gott all diese weit verstreuten, an so vielen verschiedenen Orten gelagerten Schätze kaum so rasch verschlingen können. Nichts war verschlossen, nichts versiegelt, nichts auf Inventarlisten verzeichnet. Ganze Weinlager wurden an nichtsnutziges Gesindel verschenkt; hier räuberten Komödianten, dort Komödiantinnen. Das Haus war voll von Glücksspielern, übervoll mit Betrunkenen. Ganze Tage gingen hin mit Zechgelagen, und das allerorten. Dazu kamen dann auch öfter Verluste beim Spiel, denn nicht immer war er der Glückliche. Mit den Purpurdecken des Gnaeus Pompeius konnte man die Betten in den Sklavenkammern bedeckt sehen. Daher sollt ihr euch nicht länger darüber wundern, wohin denn das alles so rasch verschwunden ist. Nicht nur das Hab und Gut eines Einzelnen, mag es auch so reich wie dieses hier gewesen sein, nein, ganze Städte und Königreiche wären bei solch liederlichem Treiben im Nu durchgebracht. Und geradeso ging es mit Häusern und Gärten.

Rom, 23. November 57

An Atticus

Am 3. November haben bewaffnete Banden die Handwerker von meinem Grundstück vertrieben und die Catulus-Halle zerstört, die auf Beschluss des Senats und im Auftrag der Konsuln wieder aufgebaut wurde und fast schon unter Dach war. Das Haus meines Bruders Quintus wurde zunächst von meinem Grundstück aus durch Steinwürfe schwer beschädigt, dann auf Befehl des Clodius angezündet. Die ganze Stadt sah zu, wie die Feuerbrände geschleudert wurden, es war ein lautes Klagen und Seufzen – ich will nicht sagen bei den Gutgesinnten, denn ich weiß nicht, ob's überhaupt noch welche gibt – sondern bei geradezu allen Leuten. Der wahnsinnige Kerl ⟨Clodius⟩ läuft Amok ... Das sieht er ganz klar: Auch wenn er jeden, auf den er es abgesehen hat, vor aller Augen umbringt, wird er keinen schlechteren Stand vor Gericht haben als so schon.

Im Jahr 52

Rede für Milo

Wieso soll der Tod des Publius Clodius noch grässlicher sein, weil dieser an einem Ort, der das Gedächtnis seiner Ahnen bewahrt, ermordet sein soll – es gibt welche, die das ständig behaupten! Gerade als ob jener Appius Claudius Caecus die Via Appia gebaut hätte, nicht damit die Bevölkerung sie benutze, sondern damit seine Nachkommen auf ihr ungestraft räubern könnten!

Damals, als Publius Clodius auf derselben Via Appia einen hochangesehenen römischen Ritter, den Marcus Papirius, erschlagen hatte, da war das keine strafbare Handlung: Da hatte bloß ein adliger Herr auf der Straße seines Ahnenruhmes einen römischen Ritter totgeschlagen! Nun entstehen aus dem Namen der Via Appia die reinsten Tragödien! Von ihr, die vorher kein Mensch erwähnte – als sie vom Mord an einem angesehenen, unschuldigen Menschen befleckt war, ist nun ständig die Rede, nachdem sie vom Blut eines Räubers und Mörders benetzt worden ist ...

Via Appia

Fotografie von Gunter Giebel

Wie oft bin ich selbst, ihr Richter, den Waffen und den blutbefleckten Händen des Publius Clodius entronnen! Hätte mich nicht, soll ich sagen, mein eigenes Glück oder das des Staates gerettet – wer in aller Welt hätte über meinen Tod eine Untersuchung beantragt? Aber ich bin töricht, dass ich es wage, einen Drusus, Africanus, Pompeius und mich selber mit Publius Clodius zu vergleichen. Deren Tod und Mordanschläge auf sie – das ließ sich ja verschmerzen – aber den Tod des Publius Clodius kann niemand mit Gleichmut hinnehmen. Es trauert der Senat, es jammert der Ritterstand, die ganze Bevölkerung ist aufgezehrt vor Gram, die Landstädte gehen in Sack und Asche, die Kolonien sind betroffen, die Erde selbst schließlich vermisst einen so wohltätigen, segenspendenden, freundlichen Mitbürger!

Es bleibt euch, ihr Richter, nichts weiter übrig, als pflichtgemäß zu untersuchen, wer wem einen Hinterhalt gelegt hat. Damit ihr euch umso leichter aus den Indizien ein eigenes Bild machen könnt, will ich euch den Hergang kurz erzählen. Hört bitte aufmerksam zu …

Clodius hatte inzwischen erfahren, Milo müsse am 18. Januar eine alljährlich übliche, offizielle und unbedingt erforderliche Reise nach Lanuvium antreten, um dort einen Priester zu ernennen. Milo war ja Gemeindevorstand von Lanuvium, und es war nicht schwer, das von den Leuten dort herauszubekommen. Daraufhin verließ Clodius Rom ganz plötzlich am Vortage, um vor seinem eigenen Landgut, wie die Ereignisse gelehrt haben, dem Milo aufzulauern. In solcher Hast brach er auf, dass er eine für diesen Tag anberaumte turbulente Volksversammlung im Stich ließ, bei der man seine Raserei vermisste. Das hätte er nie getan, wenn er nicht Ort und Stunde zu einem Verbrechen hätte wahrnehmen wollen.

Milo dagegen war im Senat anwesend bis zum Ende der Sitzung, ging dann nach Hause, wechselte Kleider und Schuhe und wartete noch ein wenig, bis seine Gattin, wie das so ist, mit ihren Reisevorbereitungen fertig war. Danach brach er auf, gerade zu einer Zeit, zu der Clodius schon hätte zurück sein können, wenn er an diesem Tage überhaupt nach Rom hätte zurückkehren wollen.

Es begegnet ihm Clodius, kampfbereit, zu Pferde, ohne Reisewagen, ohne Gepäck, ohne griechisches Gefolge, wie gewöhnlich, ohne die sonst übliche Begleitung seiner Gattin. Dagegen Milo, der angebliche Wegelagerer, der diese Reise unternommen haben sollte, um einen Mord zu begehen: Er sitzt mit seiner Frau auf einem Reisewagen, in seinen Reisemantel gewickelt, mit großem Gepäck und einem Gefolge von weichlichen, verzärtelten Zofen und Pagen.

Er trifft mit Clodius zusammen, vor dessen Grundstück, etwa um die elfte Stunde oder nicht viel später. Sofort unternehmen mehrere Leute von einer Anhöhe aus einen bewaffneten Angriff, die vorderen töten den Wagenlenker. Milo schlägt seinen Mantel zurück, springt vom Wagen und verteidigt sich beherzt. Die Begleiter des Clodius ziehen die Schwerter, die einen rennen zum Wagen zurück, um Milo im Rücken zu fassen, die anderen, die ihn schon tot glaubten, beginnen, seine Sklaven niederzuhauen, die hinter ihm kamen; von diesen aber, die ihrem Herrn treu ergeben und mutig waren, wurden einige getötet. Andere, die sahen, dass beim Wagen gekämpft wurde, wollten ihrem Herrn zu Hilfe eilen, wurden aber daran gehindert und hörten aus Clodius' eigenem Munde, Milo sei tot, was sie auch für wahr hielten. Darauf taten Milos Sklaven das – ich will es ganz offen sagen, nicht um die Schuld abzuwälzen, sondern so, wie es war – ohne Geheiß, ohne Wissen, ohne die Gegenwart ihres Herrn, was sich jeder von seinen Sklaven in einer derartigen Situation wünscht.

So, wie ich es geschildert habe, ist es gewesen, ihr Richter: Der den Hinterhalt legte, wurde überwältigt, Gewalt wurde durch Gewalt besiegt, oder vielmehr Tollkühnheit durch Tapferkeit niedergeworfen.

Anfang Januar 44

An Curius

Ich mahne und bitte dich keineswegs, nach Hause zu kommen, möchte ich doch selbst am liebsten von hier entschwinden und irgendwohin kommen, wo ich keine Atridengreuel höre. Man kann sich nicht vorstellen, wie schäbig ich mir vorkomme, dass ich bei diesen Zuständen hier dabei bin. Dir hat anscheinend lange schon geschwant, was bevorstand, damals, als du von hier das Weite gesucht hast.

Gewiss ist es schlimm, von den Dingen hier auch nur zu hören, aber man erträgt es noch eher, davon zu hören, als es mit anzusehen. Du musstest ja neulich nicht auf dem Marsfeld sein, als ⟨am 31. Dezember⟩ um die zweite Stunde in der Frühe für die Quästorenwahl der Amtssessel für Q. Maximus aufgestellt wurde, den die da ⟨die Caesarianer⟩ als Konsul bezeichneten.

Da kam die Nachricht von seinem Tod – daraufhin stellte man den Sessel beiseite. Er aber ⟨Caesar⟩, der doch nur für Tributkomitien die Auspizien eingeholt hatte, hielt dennoch Zenturiatkomitien ⟨für Konsulwahlen⟩ ab und ließ am frühen Nachmittag die Wahl eines Konsuls verkünden, der bis zum 1. Januar im Amt sein sollte, also bis zum nächsten Morgen. Du musst also wissen, dass unter dem Konsulat des Caninius ⟨Rebilus⟩ niemand gefrühstückt hat. Es ist allerdings unter diesem Konsul auch kein Verbrechen passiert; er legte nämlich eine bewundernswerte Wachsamkeit an den Tag, da er in seinem ganzen Konsulat kein Auge zugetan hat.

Du findest das zum Lachen, denn du bist ja nicht hier. Wenn du das mit ansehen müsstest, könntest du die Tränen nicht zurückhalten. Was würdest du sagen, wenn ich dir noch alles andere schreiben würde? Es geschehen nämlich zahllose Dinge dieser Art. Und ich könnte all das nicht ertragen, wenn ich mich nicht in den sicheren Hafen der Philosophie geflüchtet und wenn ich nicht unseren Atticus als Genossen meiner Studien hätte.

Rom, September 46

An Paetus

Du redest mir von Catulus und den damaligen Zeiten. Das ist mit heute nicht zu vergleichen! Damals galt für mich der Grundsatz, mich nicht auf längere Zeit meinem Wächteramt für den Staat zu entziehen.

Wir saßen am Heck und hielten das Steuerruder in der Hand; nun gibt es für uns kaum einen Platz tief unten im Schiffsbauch. Glaubst du, es würden weniger Senatsbeschlüsse verfasst, wenn ich in Neapel wäre? Wenn ich in Rom bin und nicht vom Forum weiche, werden Senatsbeschlüsse bei deinem

Verehrer, meinem Freund ⟨M. Antonius⟩, ausgefertigt. Wenn es ihm in den Sinn kommt, wird mein Name daruntergesetzt, und ich höre eher, dass ein angeblich auf meinen Antrag hin gefasster Beschluss nach Armenien und Syrien gelangt ist, als dass ich hörte, es sei überhaupt von dieser Sache die Rede gewesen. Du sollst ja nicht denken, ich mache Witze: Glaub mir, ich habe schon Schreiben von Königen aus dem letzten Erdenwinkel bekommen, in denen sie mir Dank sagen, weil ich für sie den Königstitel beantragt hätte. Und ich wusste nichts von ihrer Ernennung, ja nicht einmal, dass es sie überhaupt gab!

III
Ich halte mich durch meine Studien aufrecht

Cumanum oder Pompeianum,
im Mai 54

An Quintus Cicero

Ich fühle mich auf dem Cumanum und Pompeianum recht wohl, außer dass du nicht bei mir bist, und werde bis zum 1. Juni hier in der Gegend bleiben. Ich schreibe gerade an dem staatswissenschaftlichen Werk ⟨*De re publica*⟩, von dem ich dir schon erzählte, eine nur langsam voranschreitende und mühevolle Arbeit. Aber wenn sie so wird, wie ich es mir denke, dann war es der Mühe wert. Wenn nicht, dann werfe ich sie geradewegs ins Meer, das ich hier beim Schreiben vor mir sehe, und nehme mir etwas anderes vor, denn stillsitzen und nichts tun kann ich einfach nicht.

Cumanum, 22. April 55

An Atticus

Ich delektiere mich gerade an der Bibliothek von Faustus. Du dachtest wohl: an den Spezialitäten von Puteoli und aus dem Lukrinersee. Auch daran fehlt es nicht. Aber wahrhaftig, mit sonstigen Vergnügungen gebe ich mich nicht ab, ich habe einen Widerwillen gegen Amüsement – angesichts der politischen Verhältnisse. Und *so halte ich mich durch meine Studien aufrecht* und erhole mich bei ihnen. Ich will lieber auf deinem Stühlchen sitzen, das bei dir unter dem Aristoteles-Bild steht, als auf dem Amtssessel bei denen dort. Lieber will ich mit dir auf und ab gehen als mit jenem ⟨Pompeius⟩, mit dem ich, wie es aussieht, zusammengehen muss. Aber über diese Promenade mag das Schicksal entscheiden, oder ein Gott, falls es einen gibt, der sich darum kümmert. Was meine Promenade ⟨in Rom⟩ angeht und das Badehaus und alles, was mein ⟨Architekt⟩ Cyrus da treibt – schau du doch bitte nach dem Rechten und treibe Philotimus an, damit ich darin so einigermaßen deinen Standard erreiche.

Rom, Mitte Mai 60

An Atticus

Nun habe ich noch ein persönliches Anliegen: L. Papirius Paetus, ein tüchtiger Mann, der mich sehr schätzt, hat mir die von ⟨seinem Verwandten⟩ Ser. Claudius hinterlassenen Bücher zum Geschenk gemacht. Ich darf sie, wie mir dein Freund Cincius erläuterte, nach dem Gesetz ⟨das Geschenke von Klienten an ihre Anwälte beschränkte⟩ annehmen. Daher habe ich erklärt, ich würde sie gerne haben, wenn er sie mir herbringt. Nun bitte ich dich, wenn du mich liebst, wenn du dich von mir geliebt weißt, stelle deine Freunde, Klienten, Gastfreunde, Freigelassenen und schließlich auch deine Sklaven an, damit ja kein einziges Blatt verloren geht. Ich brauche die Bücher nämlich dringend, sowohl die griechischen, die er vermutlich hatte, wie auch die lateinischen, von denen ich weiß, dass er sie besaß. Soweit mir meine Tätigkeit auf dem Forum Muße lässt, vertiefe ich mich tagtäglich mehr in diese Studien.

Im Jahr 62

Rede für Archias

Du fragst nun, Grattius, warum ich ein solcher Verehrer dieses Mannes ⟨des Dichters Archias⟩ bin. Weil er mir eine Stätte bietet, wo sich mein Geist vom Lärm des Forums erholen und meine Ohren von ermüdenden Wortgefechten Ruhe finden können. Oder meinst du, ich hätte Tag für Tag bei immer anders gearteten Fällen genügend Stoff zum Reden, wenn ich mich nicht wissenschaftlich weiterbildete – oder glaubst du, ich könnte diese enorme Nervenanspannung aushalten, wenn ich nicht eben in dieser wissenschaftlichen Betätigung Entspannung fände? Ich bekenne mich offen zu diesen Studien. Andere mögen sich genieren, wenn sie so in ihre Bücher vergraben sind, dass sie aus ihnen nichts Nützliches für die Allgemeinheit beitragen noch überhaupt etwas zu Tage fördern können. Aber was soll ich mich schämen, ihr Richter – ich lebe doch schon seit vielen Jahren so, dass mich keine Freizeit, kein Vergnügen, nicht einmal die Nachtruhe davon abhält, einem anderen ⟨als Anwalt⟩ beizustehen, mag seine Sache gut oder schlecht stehen!

Weshalb sollte mich da also jemand tadeln oder mir berechtigte Vorwürfe machen können, wenn ich so viel Zeit für die Weiterbildung in diesen Studien aufwende, wie man anderen für ihre Privatangelegenheiten, zur Feier der Spiele, zu anderen Vergnügungen und eben zur Erholung von Körper und Geist gönnt – eine Erholung, die sie mit ausgedehnten Gastmählern, mit Würfel- und Ballspiel verbringen? Man muss mir dieses Zugeständnis doch umso eher machen, da diese Studien der Nährboden meines rednerischen Talents sind, das – ob mehr oder weniger groß – noch niemals einen bedrängten Freund im Stich gelassen hat. Mag dieses mein Talent auch dem einen oder anderen etwas unbedeutend erscheinen, ich kenne aber doch wenigstens die Quelle, aus der ich Wissen um die höchsten Werte schöpfen kann.

Auch wenn der Gewinn nicht so groß und so offensichtlich wäre, wenn diese Studien einfach nur Freude machten, ich glaube, ihr würdet diese Art von Entspannung doch für das dem Menschen am meisten Angemessene und Edelste halten. Alle anderen Beschäftigungen lassen sich nicht in jeder Lage, in jedem Alter und an jedem Ort ausüben. Unsere Studien aber sind die Wegzehrung in der Jugend, ein Labsal im Alter, ein Glanzlicht in glücklichen und eine tröstende Zuflucht in unglücklichen Zeiten. Sie sind eine Freude daheim und keine Behinderung unterwegs, sie durchwachen mit uns die Nächte, gehen mit uns auf Reisen und aufs Land.

Im Jahr 51

Vom Staat

So scheint mir auch der bekannte Ausspruch Platons – oder von wem er sonst stammen mag – sehr sinnig. Als ihn nämlich ein Sturm auf hoher See zu einem fremden Land und an ein einsames Gestade verschlagen hatte, da fürchteten sich, so heißt es, alle seine Reisegefährten, weil sie nicht wussten, wo sie waren. Platon aber entdeckte, dass im Sand einige geometrische Figuren gezeichnet waren. Bei diesem Anblick rief er, sie sollten Mut fassen, denn er sähe die Spuren von Menschen. Das erschloss er offensichtlich nicht aus einem bestellten Ackergelände, das er vor sich sah, sondern aus Zeichen von Bildung und Wissenschaft.

Tuskulanische Gespräche

Das Grab des Archimedes, das die Bürger von Syrakus nicht kannten und das angeblich nicht mehr vorhanden war, habe ich als Quästor entdeckt, und zwar rings umwuchert und zugedeckt von Dornen und Gestrüpp. Ich hatte nämlich ein paar Verse in Erinnerung, die auf seinem Grabmal eingemeißelt sein sollten. Sie besagten, auf der Spitze des Grabsteins sei eine Kugel mit einem Zylinder angebracht. Als ich nun alles mit meinen Blicken absuchte – es gibt beim Agrigenter Tor eine Menge Grabsteine –, da bemerkte ich eine kleine Säule, die ein wenig aus dem Gebüsch hervorragte, und auf ihr waren eine Kugel und ein Zylinder dargestellt. Ich sagte sogleich zu den Syrakusanern – es waren nämlich führende Männer bei mir –, ich glaubte das gefunden zu haben, was ich suchte.

Man schickte einige Leute mit Sicheln hin, die den Platz säuberten und freilegten. Als nun der Zugang frei war, traten wir an die Vorderseite des Sockels heran. Es kam ein Epigramm zum Vorschein, von dem die Verszeilen fast bis zur Hälfte verwittert waren.

So hätte die angesehenste Stadt Großgriechenlands, einst sogar eine Hauptstätte der Gelehrsamkeit, das Grabmal ihres scharfsinnigsten Bürgers nicht mehr gekannt, wenn sie nicht von einem Mann aus Arpinum darüber belehrt worden wäre …

Gibt es unter all den Menschen, die irgendeine Beziehung zu den Musen, das heißt zu menschenwürdiger Bildung und Wissenschaft haben, auch nur einen einzigen, der nicht lieber dieser Mathematiker sein möchte als ⟨Dionys⟩ der berüchtigte Tyrann von Syrakus?

Dieser Tyrann wusste freilich selbst, dass sein Glück auf unsicheren Füßen stand. Denn als Damokles, einer seiner Schmeichler, die Machtfülle, den Reichtum, den Glanz der Herrschaft, den Überfluss an allem und die Pracht der königlichen Residenz zur Sprache brachte und sagte, keiner sei jemals glücklicher gewesen, da antwortete Dionys: »Willst du also, Damokles, da dich dieses Leben entzückt, es selbst einmal kosten und mein Glück auf die Probe stellen?« Als jener gern zusagte, wies ihm Dionys einen Platz an auf einem goldenen Lager mit einer prächtigen Decke, die kunstvoll bestickt war. Und er ließ mehrere Tische mit silbernem Geschirr und goldenen Gefäßen aufstellen. Dann hieß er erlesene Knaben von außergewöhnlicher Schönheit sich an der Tafel aufstellen und befahl ihnen, auf jeden Wink des Damokles zu achten und ihn aufmerksam zu bedienen. Es gab da duftendes Salböl und Kränze, Räucherwerk wurde entzündet, und die Tische bogen sich vor erlesenen, köstlichen Speisen. Damokles glaubte sich im siebten Himmel. Da befahl Dionys mitten in diesen Vorbereitungen, ein blitzendes Schwert mit einem Rosshaar so an der Decke zu befestigen, dass es über dem Nacken des Glückspilzes schwebe. Da hatte der keinen Blick mehr für die wunderschönen Diener noch für das silberglänzende Tafelgeschirr, noch streckte er die Hand zur Tafel aus; welk glitten die Kränze herab, da bat er schließlich den Tyrannen inständig, gehen zu dürfen, denn er wolle nicht mehr glücklich sein.

Hat Dionys damit nicht deutlich genug gezeigt, dass es für den kein Glück gibt, dem ⟨aufgrund seiner Taten⟩ stets irgendwo ein Schrecken droht?

Tusculanum, um den 20. Juli 46

An Paetus

Während ich hier auf meinem Tusculanum Ferien mache, weil ich meine Schüler ihm ⟨Caesar⟩ entgegengesandt habe – sie sollen mir zugleich eine möglichst enge Bindung an ihren Freund verschaffen –, erhielt ich deinen äußerst liebenswürdigen Brief. Ich erkenne daraus, dass du meinen Entschluss billigst: So wie der Tyrann Dionys nach seiner Vertreibung aus Syrakus in Korinth eine Schule eröffnet haben soll, so habe ich, da es mit den Prozessen vorbei ist und ich mein Reich auf dem Forum verloren habe, sozusagen begonnen, Schule zu halten.

Das Theater in Tusculum

Fotografie von Gunter Giebel

Was willst du – mir gefällt dieser Entschluss; ich erreiche einiges dadurch. Zunächst – was derzeit das Wichtigste ist – sichere ich mich ab gegen die herrschenden Zustände. Ob es der rechte Weg ist, weiß ich nicht; ich sehe nur so viel, dass dieser Entschluss bisher vor allen anderen Ratschlägen den Vorzug verdient, es sei denn, man wäre besser gestorben. Krank im Bett war ich, wie ich eingestehen muss, aber es hat nicht sein sollen; in der Schlacht ⟨von Pharsalos⟩ bin ich nicht gewesen …

Das als erster Gesichtspunkt. Zweitens: Ich fühle mich besser, einmal was mein gesundheitliches

Wohlbefinden angeht, das ich durch die Unterbrechung meiner Übungen eingebüßt hatte. Zum andern wäre mein rednerisches Talent – wenn ich denn so etwas habe – völlig versiegt, wenn ich mich nicht wieder dieser Praxis zugewandt hätte. Und schließlich und endlich – was für dich wohl die Nummer eins ist –, ich habe schon mehr Pfauen verschmaust als du junge Tauben … Komm also, wenn du ein Mann bist, und lerne bei mir das Grundwissen, wonach es dich verlangt …

Du bekommst in meiner Schule sozusagen als Hilfslehrer einen Stuhl neben mir und nachher einen Platz beim Essen.

Rom, Anfang/Mitte Juli 46

An Paetus

Was redest du mir da von einem Fischgericht, von einem Essen für einen Denar, von Käseauflauf und Heringsragout? Das ließ ich mir in meiner Gutmütigkeit früher gefallen, aber nun haben sich die Verhältnisse geändert. Hirtius und Dolabella ⟨Freunde Caesars⟩ sind meine Schüler in der Rhetorik, meine Lehrer beim Speisen. Du hast wohl davon gehört – wenn denn alles zu euch gelangt –, dass jene bei mir deklamieren und ich bei ihnen diniere.

Tusculanum, 11./12. Juli 45

An Varro

Könnten wir doch, mein lieber Varro, in einer wenn nicht glücklichen, so doch stabilen politischen Lage gemeinsam unsere Studien betreiben! Freilich wären die Verhältnisse dann anders und würden uns andere ehrenvolle Aufgabenbereiche bieten. Nun aber – wozu sollten wir ohne unsere Studien überhaupt leben? Ich kann wahrhaftig selbst mit ihnen kaum leben, ohne sie aber nicht einmal »kaum«. Doch darüber mündlich und des Öfteren!

Ich wünsche dir, dass du mit deinem Umzug und Hauskauf Glück hattest; ich meine, dein Entschluss war richtig.

Bleib gesund und munter!

Rom, Anfang 46

An Varro

Höre nur: Nach meiner Rückkehr in die Stadt ⟨Oktober 47⟩ habe ich mich mit alten Freunden ausgesöhnt, das heißt mit meinen Büchern. Ich hatte den Umgang mit ihnen nicht deshalb aufgegeben, weil ich ihnen böse war, sondern weil ich mich vor ihnen ein bisschen schämte. Es kam mir nämlich so vor, als hätte ich ihren Vorschriften nicht die schuldige Gefolgschaft geleistet, als ich mich mit höchst treulosen

Genossen in die chaotischen Zustände einließ. Sie verzeihen mir aber, laden mich wieder zu unserem gewohnten Umgang ein wie früher und erklären, du seiest klüger gewesen als ich, weil du dabei geblieben wärest. Da ich nun wieder versöhnt mit ihnen Umgang habe, darf ich wohl auf ein Wiedersehen mit dir hoffen, das mich alle drückenden und noch drohenden Sorgen leichter tragen lässt.

Also, ob es dir auf deinem Tusculanum oder deinem Cumanum recht ist oder in Rom – was mir am wenigsten lieb wäre –, wenn wir nur beisammen sind, dann will ich es gewiss zustande bringen, dass wir beide es so recht behaglich miteinander haben.

IV

Einen Zufluchtsort zu besitzen

Rom, Ende November 68

An Atticus

An meinem Tusculanum habe ich eine solche Freude, dass ich mich nur rundherum wohl fühle, wenn ich hier bin.

Rom, März/April 67

An Atticus

Die Statuen und die Hermen aus megarischem Marmor, von denen du mir schreibst, erwarte ich schon ganz begierig. Alles, was du in der Art auftreiben kannst und was dir für meine Akademie passend erscheint, schicke mir unverzüglich – hab keine Sorge um meine Kasse! Das ist nun einmal meine Liebhaberei: Ich suche nach Dingen, die sich in meinem Gymnasium gut machen. Lentulus stellt mir seine Schiffe zur Verfügung. Ich bitte dich also, kümmere dich eingehend darum!

Tusculanum, Mai/Juni 67

An Atticus

Die Bibliothek, die du neu erworben hast, versprich ja niemand anderem, selbst wenn du einen feurigen Liebhaber findest. Ich habe nämlich schon alle meine kleinen Einkünfte dafür beiseitegelegt, um mir dadurch eine Zufluchtsstätte fürs Alter zu schaffen.

Rom, Ende 67

An Atticus

Die Statuen, die du für mich besorgt hast, sind in Gaeta ausgeladen worden. Ich habe sie noch nicht gesehen, denn ich kann momentan nicht aus Rom weg, habe aber jemanden hingeschickt, um die Fracht zu bezahlen. Ich bin dir von Herzen dankbar, dass du alles so gewissenhaft und so billig besorgt hast.

Formianum, Dezember 46

An M. Fadius Gallus

Gerade kam ich aus Arpinum zurück, da wurde mir dein Brief übergeben, und der gleiche Bote brachte auch einen Brief von Avianus, mit der höchst willkommenen Mitteilung, er werde mir Zahlungsaufschub gewähren, wenn er nach Rom käme; den Termin könne ich ganz nach Wunsch bestimmen.

Nun stell dir einmal vor, ich bitte dich, du wärest an meiner Stelle. Verträgt es sich mit deinem oder mit meinem Gefühl für Anstand, einmal überhaupt um Zahlungsaufschub zu bitten und dann auch noch mehr als ein Jahr zu fordern? Es wäre ja alles viel einfacher, mein lieber Gallus, wenn du zum einen genau das gekauft hättest, was ich mir wünschte, und zum andern zu eben der Summe, die ich als Ziel gesetzt hatte. Dennoch will ich deine Käufe, von denen du schreibst, auf meine Rechnung nehmen, auch noch meinen Segen dazu geben. Ich habe ja volles Verständnis: Du, ein Mann mit Kunstverstand, wie ich immer feststellen konnte, hast in deiner Begeisterung, ja deiner Liebe für schöne Dinge all das gekauft, was dir für mich würdig erschien.

Velia, 20. Juli 44

An Trebatius

Velia kommt mir noch liebenswerter vor, weil ich gemerkt habe, wie sehr man dich dort schätzt ... Wenn du auf mich hören willst – und das tust du ja gewöhnlich –, dann behalte deine väterlichen Besitzungen dort – in Velia hegt man da bestimmte Befürchtungen ⟨wegen Landenteignungen⟩ – und verlass nicht den Halys, diesen edlen Fluss, gib das Haus des Papirius nicht auf ...

Es scheint mir vor allem ratsam, zumal in diesen Zeiten, *einen Zufluchtsort zu besitzen*, einmal in einer Stadt, in der man dich schätzt, und dann im eigenen Haus, auf deinem eigenen Grund und Boden, und das noch in einer etwas abgelegenen, gesunden und angenehmen Gegend. Ich würde mich übrigens auch dafür interessieren, mein lieber Trebatius! Also mach's gut, nimm dich meiner Angelegenheiten an und erwarte mich, so die Götter wollen, vor der Wintersonnenwende zurück.

Antium, im Juni 56

An Atticus

Es wäre zu schön, wenn du zu mir kämst. Du findest hier meine Bibliothek von ⟨dem Gelehrten⟩ Tyrannio ganz wunderbar geordnet. Die restlichen Bestände hier sind in viel besserem Zustand, als ich dachte. Bitte schick mir doch zwei von deinen Kopisten, die Tyrannio beim Zusammenkleben der Schriftrollen und anderem helfen können. Und trage ihnen auf, ein dünnes Pergamentblatt zu nehmen und daraus Titelaufkleber zu machen, was ihr Griechen, glaub ich, Syllaboi nennt. Aber das nur, wenn es dir genehm ist. Du selbst musst aber auf jeden Fall kommen, wenn du ein Weilchen in der Gegend bleiben und auch ⟨deine Frau⟩ Pilia mitbringen kannst. Das wäre nämlich nur recht und billig, und Tullia wünscht es sich so sehr.

Mach also, dass du kommst, und sei so lieb und kümmere dich um die Kopisten.

Antium, Ende Juni 56

An Atticus

Allerlei in deinem Brief hat mir Spaß gemacht, besonders das mit der Schüssel Heringsragout ... Das sage ich dir: Antium ist der ideale Ort an der See, so ruhig, erfrischend und lieblich. Aber: »Immer gefällt einem das eigene Haus am besten.« Nachdem aber Tyrannio mir hier die Bibliothek geordnet hat, scheint mein Haus einen besonderen Geist auszustrahlen. Dabei haben dein Dionys und Menophilus wunderbare Arbeit geleistet. Deine Regale sind einfach eine Pracht, seit die Etiketten an den Büchern prangen ...

Mach's gut!

Auf dem Pomptinum, 8. April 53

An Trebatius

Diesen Brief schreibe ich auf dem Pomptinum; ich bin nämlich in der Villa des Marcus Aemilius Philemon eingekehrt. Und von hier aus habe ich schon den Lärm meiner Klienten gehört, die sicher du mir verschafft hast. In Ulubrae ⟨in den Pontinischen Sümpfen⟩ hat sich nämlich, offenbar mir zu Ehren, eine riesige Menge von Fröschen auf den Weg gemacht.

Halte dich gesund und munter!

Arpinum, im September 54

An Quintus Cicero

Von der schrecklichen Hitze – ich kann mich nicht erinnern, dass es jemals heißer war – habe ich mich anlässlich der Feiertage zu den Spielen in Arpinum erholt: Es war höchst angenehm am Fluss …

Deinem Gärtner habe ich mein Lob ausgesprochen. Er hat alles so schön mit Efeu umkleidet, die Grundmauern des Hauses wie auch die Säulenzwischenräume in der Wandelhalle, so dass es bald aussieht, als hätten die Philosophenstatuen dort sich auf die Gärtnerei verlegt und wollten Efeu verkaufen. Das Auskleidezimmer ist ganz mit Moos bewachsen und herrlich kühl.

Tusculanum,
im 2. Schaltmonat (Oktober) 46

An Fadius Gallus

Seit zehn Tagen leide ich schon an einem schweren Darmkatarrh, konnte aber den Leuten, für die ich tätig sein sollte, nicht glaubhaft machen, dass ich krank bin – ich habe nämlich kein Fieber. Deshalb habe ich mich auf mein Tusculanum geflüchtet, nachdem ich zwei Tage so streng gefastet hatte, dass ich nicht einmal einen Schluck Wasser zu mir genommen habe. So bin ich nun vor Mattigkeit und Hunger ganz von Kräften und sehne mich mehr nach deinem Besuch, als du wohl den meinen vermisst.

Mich schaudert's vor allen Krankheiten, besonders aber … fürchte ich mich schon immer vor Dysenterie. Doch hat mir anscheinend die Luftveränderung oder die auch geistige Entspannung gutgetan, oder die Krankheit ist vielleicht von selbst schon am Abklingen. Wundere dich bei alledem nicht, woher das Leiden kam oder wie ich es mir zugezogen habe: Das Antiluxusgesetz, das zum einfachen Leben zurückgeführt hat – das hat sich für mich ganz heimtückisch ausgewirkt. Denn unsere Gourmets wollen die Gewächse der Erde, die vom Gesetz ausgenommen sind, in den Rang einer feinen Küche erheben. Und so würzen sie Pilze, Gemüse und Salat so sehr, dass es kaum einen stärkeren Gaumenkitzel gibt. Solchen

Säulenhalle einer Villa in Pompeji

Fotografie von Angelika Mugler

Kochkünsten bin ich zum Opfer gefallen – beim Augurengastmahl des Lentulus, und daraufhin hat mich eine Diarrhoe von solchem Ausmaß befallen, dass es erst heute die ersten Anzeichen eines Nachlassens gibt. So bin ich, der ich auf Austern und Murenen leicht verzichte, auf Mangold und Malven hereingefallen. Künftig werde ich vorsichtiger sein.

Du hättest doch eigentlich, da du durch Anicius davon gehört hattest – er hat mich ja in meinem elenden Zustand gesehen –, einen guten Grund gehabt, mir nicht nur zu schreiben, sondern mir einen Besuch zu machen.

Ich gedenke hier zu bleiben, bis ich mich richtig erholt habe, denn ich habe an Kräften und Körpergewicht einiges verloren. Aber wenn ich die Krankheit erst losgeworden bin, werde ich hoffentlich beides rasch wiedergewinnen.

Rom, Oktober 55

An Marius

Wenn dich irgendein Unwohlsein oder dein schlechter Gesundheitszustand überhaupt vom Besuch der Spiele ⟨des Pompeius zur Einweihung seines neuen Theaters⟩ abgehalten hat, dann muss ich dein Fernbleiben mehr dem Schicksal als deiner Klugheit zuschreiben. War es aber dein freier Entschluss, das zu verschmähen, was all die anderen anstaunen, und wolltest du, trotz passabler Gesundheit, nicht kommen, dann macht mir das doppelt Freude: Du hattest keine körperlichen Beschwerden und warst geistig so gesund, dass du dich um all das nicht gekümmert hast, was andere ganz grundlos bewundern. Ich setze voraus, dass dir deine Muße reiche Früchte getragen hat; du durftest sie ja ausgiebig genießen, denn du bist in dieser schönen Gegend ⟨bei Stabiae am Golf von Neapel⟩ ganz allein zurückgeblieben.

Du hast doch sicher in diesen Tagen die Morgenstunden in deinem Zimmer, aus dem du dir einen

Tierhetze (»venatio«)

Ausschnitt aus dem Borghese-Mosaik

freien Durchblick und Ausblick auf Misenum geschaffen hast, mit ein wenig Lektüre verbracht. Die anderen aber, die dich dort allein gelassen haben, saßen derweil gähnend bei abgeleierten Lustspielen. Die übrigen Stunden des Tages hast du mit Unterhaltungen zugebracht, die du dir nach eigenem Geschmack ausgesucht hast. Wir mussten uns mit dem abfinden, was einem Spurius Maecius gutdünkte.

Alles in allem waren es höchst aufwendige Spiele, wenn du Näheres darüber wissen willst, allerdings nicht nach deinem Geschmack – ich schließe dabei von mir auf dich. Zunächst traten da welche dem Pompeius zu Ehren wieder auf der Bühne auf, von denen ich annahm, sie seien um ihrer eigenen Ehre willen längst abgetreten. So wie dein Liebling, unser Äsop, war, hätten ihm alle bereitwillig den Abschied von der Bühne erlaubt. Als er den Eid zu sprechen begann, versagte ihm die Stimme bei den Worten: »Wenn ich wissentlich unwahr spreche.« Was soll ich dir noch Weiteres berichten? Du kennst ja die sonstigen Darbietungen. Diese hier waren nicht einmal so geschmackvoll wie bei den gewöhnlichen mittelmäßigen Spielen. Das Übermaß an Ausstattung, das man zu sehen bekam, machte alles besinnliche Genießen zunichte. Auf dieses ganze Schaugepränge hast du ohne Zweifel leichten Herzens verzichtet. Was hat man denn für ein Vergnügen an 600 Maultieren in der *Clytemnestra* oder an 3000 Mischkrügen im *Trojanischen Pferd* oder an der abwechslungsreichen Rüstung des Fußvolkes und der Reiterei in irgendeinem Gefecht?

Das Volk gaffte das alles an, aber dir hätte es kein Vergnügen gemacht …

Schließlich noch die Tierhetzen, fünf Tage lang täglich zweimal, ein großes Spektakel, nicht zu leugnen. Doch wie kann ein kultivierter Mensch daran Gefallen finden, wie ein schwacher Mensch von einer gwaltigen Bestie zerfleischt wird? Oder wenn ein prächtiges großes Tier von einem Jagdspeer durchbohrt wird? Wenn so etwas sehenswert ist, nun, dann hast du diesen Anblick schon oft genug gehabt. Auch wir, die wir dabei Zuschauer waren, haben nichts Neues gesehen.

Am letzten Tag kamen die Elefanten dran. Das

war ein Staunen beim Volk und der lärmenden Menge; Vergnügen aber kam keines auf, eher regte sich eine Art Mitleid, und man hatte das Gefühl, dieses Riesentier hätte irgendwie etwas Menschenähnliches an sich …

Wenn du also dieser Tage deinem Protogenes zuhörtest – und er dir nicht gerade meine Reden vorgelesen hat –, dann hast du wahrhaftig mehr Vergnügen gehabt als irgendeiner von uns …

Daher suche ich nach Mitteln und Wegen, auch einmal nach meinem Geschmack zu leben, und spende dir und deiner Art, die Muße zu genießen, Lob und Anerkennung. Dass du mich weniger oft besuchst, kann ich deshalb leichter verschmerzen, weil ich, wenn du in Rom wärest, deinen Esprit doch nicht genießen könnte – und du umgekehrt auch nicht, falls ich so etwas an mir habe. Ich stecke nämlich in überaus lästigen Geschäften. Wenn ich damit einmal etwas kürzer treten kann – mich ganz und gar freizumachen, verlange ich gar nicht –, dann werde ich sogar dir, obwohl du schon viele Jahre lang nichts anderes betreibst, noch gute Lehren geben, was es heißt, menschlich zu leben.

Kümmere du dich nur um deine schwache Gesundheit und halte dich danach, wie du es schon tust. Dann kannst du mich in meinen Landhäusern besuchen und dich mit mir in einer bequemen Sänfte umhertragen lassen.

Astura, 27. Juli 45

An Atticus

Ich würde wirklich gern hierbleiben, und zwar von Tag zu Tag lieber, wenn da nicht die Sache wäre, von der ich dir in meinem letzten Brief geschrieben habe. Nichts ist angenehmer als diese Einsamkeit, die nur ein lästiger Besucher ein wenig gestört hat. Diese endlose, unerquickliche Geschwätzigkeit! Alles andere aber kannst du dir nicht herzerquickender vorstellen – die Villa, den Strand, den Blick aufs Meer und all das hier. Doch braucht es dafür keinen längeren Brief; anderes aber habe ich dir nicht zu schreiben, und ich bin schon ganz schläfrig.

Im Jahr 52/51

Von den Gesetzen

Ja, ⟨Atticus,⟩ wenn es mir möglich ist, mehrere Tage von Rom fernzubleiben, zumal in dieser Jahreszeit, dann suche ich diese liebliche und gesunde Gegend auf ... Hier ⟨in Arpinum⟩ ist nämlich genau genommen die eigentliche Heimat von mir und meinem Bruder hier. Von hier stammen wir, aus einer alten eingesessenen Familie, hier sind unsere Familienheiligtümer, hier steht unser Stammhaus und vieles, was uns an die Vorfahren erinnert. Was soll ich noch mehr sagen? Du siehst dieses Gutshaus, wie es jetzt ist, etwas ansehnlicher umgebaut von meinem Vater, der seine Sorge darauf verwandt hat. Hier hat er – mit seiner Gesundheit stand es nicht zum besten – sein Leben mit seinen Büchern verbracht. Und hier an diesem Ort bin ich geboren, als der Großvater noch lebte und das Haus noch klein und bescheiden war, ganz nach alter Sitte, wie das Häuschen des Curius im Sabinerland. Daher steckt irgendetwas tief in meinem Herzen und Sinn, weshalb mir der Aufenthalt an diesem Ort so besonders wohltut. Schließlich soll ja auch, so steht's geschrieben, jener berühmte kluge Mann, um sein Ithaka wiederzusehen, die Unsterblichkeit ausgeschlagen haben.

V

Diese großen und hochwohlgeborenen Herren

Im Jahr 70

Erste Rede gegen Verres

Es gibt, glaube ich, keinen Menschen, der, wenn er den Namen Verres hört, nicht auch seine Schandtaten aufzählen könnte …

So sieht es aus, und daher will dieser wahnwitzige und verkommene Mensch mit einer anderen Taktik gegen mich vorgehen. Er hat nicht die Absicht, mir mit einem redegewaltigen Gegner Widerpart zu leisten … er will mich beeindrucken mit nichtssagenden Namen von adligen Männern, das heißt Namen von anmaßenden Leuten, die mich aber weniger stören, als dass sie mir nützen: weil sie nämlich eher notorisch bekannt als nobel sind.

Im Jahr 70

Zweite Rede gegen Verres

Muss ich nicht diese Sache ⟨die Anklage gegen Verres⟩ betreiben, sie in die Öffentlichkeit bringen, den Schutz des römischen Volkes anrufen, und alle, die in ein solch schweres Verbrechen verstrickt sind, indem sie entweder pflichtvergessen sich bestechen ließen oder das Gericht bestochen haben – muss ich die nicht zur Verantwortung ziehen oder vor Gericht stellen?

Es mag vielleicht jemand fragen: »Eine so große Mühe willst du dir also aufladen und die erbitterte Feindschaft so vieler Personen?« – Wahrhaftig nicht aus eigenem Antrieb, aber mir steht nicht dasselbe frei wie denen, die aus einem altadligen Geschlecht stammen, denen sämtliche Ehrenstellen des römischen Volkes im Schlaf zufallen; unter ganz anderen Gesetzen und Voraussetzungen muss ich in diesem Staat leben.

Im Jahr 70

Zweite Rede gegen Verres

Wie denn? Kann nicht schon diese an sich gar nicht so wichtige Sache jedermann in Wallung bringen: Zum freundschaftlichen Verkehr mit dir ⟨Hortensius⟩ und *diesen anderen großen und hochwohlgeborenen Herren* hat ein nichtswürdiger und skrupelloser Kerl wie dieser Verres leichteren Zugang als unsereiner mit seiner Tüchtigkeit und Unbescholtenheit!

Ihr hasst die Strebsamkeit der »neuen Männer«, blickt von oben herab auf ihre bescheidene Lebensführung, verachtet ihr Gefühl für Anstand und Ehre, ja Talent und Tüchtigkeit möchtet ihr zu Boden getreten und ausgelöscht sehen – aber einen Verres – den liebt ihr!

Laodicea, 20. Februar 50

An Atticus

Appius ⟨Claudius Pulcher⟩ hat von unterwegs zwei- oder dreimal in etwas vorwurfsvollem Ton an mich geschrieben, weil ich einige seiner Anordnungen aufgehoben hätte … Dabei geschieht von meiner Seite aus alles ohne irgendeine Kränkung für ihn. Ihn ärgert bloß dieser Unterschied zwischen seiner und meiner Administration. Einen größeren Gegensatz könnte es freilich auch nicht geben: Unter seiner Statthalterschaft ist die Provinz ⟨Kilikien⟩ ausgesogen worden durch hohe Kosten für Aufwand und Abgaben, während bei mir kein Pfennig eingefordert worden ist, weder für private noch für amtliche Zwecke. Was soll ich noch sagen über seine Präfekten, sein Gefolge, seine Legaten – über deren Räubereien, Übergriffe, empörende Misshandlungen! Nun aber gibt es wahrhaftig kein Hauswesen, das mit so viel Besonnenheit und Disziplin geleitet würde wie meine gesamte Provinz. Das erklären einige Freunde des Appius lachhafterweise so, dass ich mir nur auf seine Kosten einen guten Ruf verschaffen wolle. Und wenn ich mich anständig verhielte, dann nicht meines Ruhmes wegen, sondern um ihm Schimpf und Schande anzutun!

Laodicea, um den 13. Februar 50

An Appius Claudius Pulcher

Die Gesandten aus Appia haben mir einen ganzen Packen völlig unberechtigter Beschwerden von dir eingehändigt ... Ich will dir alles einzeln darlegen, und du kannst feststellen, ob deine Beschwerden berechtigt waren oder nicht ...

Vom Freigelassenen des Lentulus, meinem Amtsdiener Pausanias, hörte ich, du habest dich bei ihm beklagt, dass ich dir nicht entgegengegangen sei. Natürlich, ich habe dich mit Missachtung gestraft, bin ich doch an Überheblichkeit gar nicht zu übertreffen! Dein Bote kam um die zweite Nachtwache zu mir und meldete, du werdest gegen Morgen in Iconium eintreffen, aber es sei unbestimmt, auf welchem Wege, es gibt ja zwei verschiedene Routen. Daraufhin habe ich dir auf dem einen Weg deinen guten Freund Varro, auf dem anderen meinen Pionierobersten Q. Lepta entgegengesandt. Beiden habe ich aufgetragen, mir sogleich Meldung zu machen, damit ich dir entgegengehen könne. Lepta kam eilends zurück und meldete mir, du seiest schon an meinem Standquartier vorbei. Ich machte mich unverzüglich auf nach Iconium. Das Weitere weißt du ja selbst.

Wie hätte ich dich denn nicht begrüßen sollen, dich, Appius Claudius, den Imperator, nach alter Vätersitte, vor allem aber, was die Hauptsache ist, dich, einen Freund? Und dabei pflege ich mich doch bei solchen Anlässen weit zuvorkommender zu zeigen, als es mein Rang und meine Würde erfordern. Aber genug hiervon.

Auch folgendes sollst du gesagt haben, wie Pausanias berichtet: »Ja wie? Appius ging Lentulus zur Begrüßung entgegen, Lentulus dem Appius, Cicero aber wollte Appius nicht begrüßen!« – Ich bitte dich, gibst du etwas auf solch dummes Gerede, du, den ich für einen äußerst klugen, sehr gebildeten und höchst weltläufigen Mann halte, noch dazu von jener Verbindlichkeit, die bei den Stoikern zu Recht als Tugend gilt.

Meinst du etwa, das Appische oder das Lentulusmäßige gelten bei mir mehr als die Anzeichen echter Tüchtigkeit?

Auch als ich noch nicht im Besitz der Ehren war, die in den Augen der Menschen den meisten Glanz haben, hat mir euer bloßer Name doch niemals imponiert. Die Männer, die ihn euch hinterlassen haben, die galten mir als groß. Seit ich aber selbst die höchsten Ämter erlangt und sie so verwaltet habe, dass mir an Ehre und Ruhm nichts mehr zu fehlen scheint, da hoffte ich, zwar niemals über euch zu stehen, aber doch euch gleich zu sein. Nicht anders denkt wahrhaftig, wie ich weiß, Cn. Pompeius, den ich über die Menschen aller Zeiten, oder P. Lentulus, den ich noch über mich stelle.

Solltest du darüber anderer Meinung sein, so wäre es nicht verkehrt, wenn du dir ein wenig genauer ansähest, was ⟨der Philosoph⟩ Athenodor, der Sohn des Sando, über diese Dinge sagt, damit du echten Adel von Ahnenstolz zu unterscheiden lernst.

Rom, 15. März 60

An Atticus

Das ist es, denke ich, was so in der Politik vorgeht. Was mich betrifft, so habe ich mir ja durch die Ereignisse des 5. Dezember ⟨63, die Zerschlagung der Verschwörung des Catilina⟩ einen – freilich mit Neid und allerhand Feindschaften verbundenen – außerordentlichen und unsterblichen Ruhm erworben. Seitdem bin ich ununterbrochen mit gleich hochherziger Gesinnung im Staat tätig und suche mir meine so erworbene und begründete Stellung weiterhin zu bewahren. Aber seit ich beim Freispruch des Clodius den Wankelmut und die Schwäche der Gerichte durchschaut habe, ferner sehen musste, wie leicht sich unsere Steuerpächter vom Senat trennen lassen – obwohl sie sich von mir nicht lossagten –, wie weiterhin die feinen Herren, diese Fischteichbesitzer meine ich, deine Freunde, gar kein Hehl aus ihrer Missgunst mir gegenüber machen, da meinte ich doch, mir einen wirksameren Schutz und einen stärkeren Rückhalt suchen zu müssen ⟨bei Pompeius und Caesar⟩.

Antium, Juni ⟨?⟩ 56

An Atticus

Aber weißt du, ich kaue schon lange an diesem Brocken, den ich doch endlich einmal herunterschlucken muss: Das scheint mir doch eine ziemlich peinliche Sache zu sein, meine Palinodie ⟨Absage an die Nobilität, Hinwendung zu Caesar⟩. Aber ich mache jetzt Schluss mit all den geraden, aufrechten und ehrenhaften politischen Entschlüssen. Unglaublich, wie perfide sie sind, diese führenden Persönlichkeiten: Das wollen sie sein und wären es auch, wenn es bei ihnen nur eine Spur von Treue und Verlässlichkeit gäbe. Ich habe es zu spüren bekommen, habe es selbst erfahren müssen, von ihnen verlockt, verraten und im Stich gelassen. Trotz allem war ich bereit zur gemeinsamen politischen Tätigkeit mit ihnen. Sie blieben die gleichen, die sie immer waren.

Jetzt bin ich endlich mit deiner Hilfe zur Einsicht gekommen.

Du wirst meinen: »Ich wollte, du hättest das schon früher getan!« Ich weiß, dass du's wolltest, und ich bin ein rechter Esel gewesen. Doch nun ist's Zeit, dass ich mich selbst liebe, wenn ich sie einfach nicht dazu bringen kann …

Rom, Juni 60

An Atticus

Und jetzt ist es so weit gekommen, dass … unsere führenden Männer sich wie im Himmel vorkommen, wenn sie Fischlein in ihren Teichen haben, die ihnen aus der Hand fressen – um etwas anderes kümmern sie sich nicht.

Rom, 22. Januar 60

An Atticus

Da findet sich keiner, den man auch nur im Traum als Staatsmann bezeichnen könnte. Der einzige, der in Frage käme, unser Freund – so ist es nämlich, musst du wissen –, also Pompeius schützt sein Triumphatorengewand durch Schweigen. Crassus vermeidet jedes Wort, das Anstoß erregen könnte. Die übrigen kennst du ja: Sie sind so töricht, dass sie offenbar glauben, ihre Fischteiche blieben ihnen erhalten, wenn der Staat verloren ist.

Im Jahr 56

Rede für Sestius

Für den Angriff auf den Staat stehen wirksamere Waffen zur Verfügung als zu seiner Verteidigung. Bedenkenlose Leute und solche, die nichts zu verlieren

Porträtkopf des Pompeius

Ny Carlsberg Glyptotek, Kopenhagen

haben, lassen sich nämlich durch einen bloßen Wink auf die Beine bringen und sind schon von sich aus aufsässig gegen die staatliche Ordnung. Die »Guten« aber sind – ich weiß nicht warum! – zu träge; sie beachten die Anfänge einer Entwicklung nicht und raffen sich erst in der äußersten Notlage auf. Während sie so ihre Ruhe auch ohne Ansehen behalten wollen, verlieren sie durch ihr Zaudern und ihre Trägheit nicht selten beides.

Im Jahr 56

Rede für Sestius

Du fragst mich, was das denn sei, meine »Optimatensippe« … Wer gehört denn zu diesen »Besten«? Fragt man nach ihrer Zahl: Es sind unzählige, sonst könnten wir uns ja gar nicht halten. Es sind die Häupter des Staatsrates, es sind deren Anhänger, es sind Angehörige der oberen Stände, denen der Zugang zum Senat offensteht, es sind römische Bürger aus den Landstädten und Bauern, es sind Geschäftsleute, ja, sogar Freigelassene sind Optimaten.

VI

Die Meinen

Rom, 20. Januar 60

An Atticus

Ich bin so von aller Welt verlassen, dass ich nur Ruhe finde, wenn ich bei meiner Frau, meinem Töchterchen und dem süßen kleinen Cicero bin.

Brundisium, 25. November 50

An Atticus

Mich freut es, dass du Vergnügen an deinem Töchterchen hast und dass du auch der Ansicht bist, die Liebe zu den Kindern sei uns angeboren. Wenn das nicht so wäre, könnte es ja keine naturgegebene Bindung von Mensch zu Mensch geben, und damit wäre die menschliche Gemeinschaft überhaupt aufgehoben.

Thessalonike, 13. Juni 58

An Quintus Cicero

Mein Bruder! Mein Bruder! Mein Bruder! Wie – hast du wirklich befürchten können, ich hätte aus Zorn auf dich meine Boten ohne Briefe an dich abgehen lassen? Oder ich hätte dich ⟨beim Gang in die Verbannung⟩ gar nicht sehen wollen? Ich sollte böse auf dich sein? Wie könnte ich auf dich böse sein? Als ob du mich ins Unglück gestürzt hättest, als ob es deine Feinde waren, deine Missgunst – ich habe doch vielmehr dich elend gemacht!

Mein viel gepriesenes Konsulatsjahr hat mir dich, meine Kinder, das Vaterland, meine Existenz geraubt, dir aber, das wünsche und hoffe ich, nichts außer mir. Ich habe von dir immer nur Gutes und Schönes erhalten, du hast durch mich nun Trauer über mein Unglück und Furcht vor eigenem, Sehnsucht, Gram und Verlassenheit. Ich hätte dich nicht sehen wollen? Nein – ich wollte nicht, dass du mich siehst; du hättest nämlich nicht deinen Bruder gesehen, den Bruder, den du zurückließest, den du kanntest, der dir bei deiner Abreise ⟨in die Provinz⟩ das Geleit gab, den du selbst weinend unter Tränen von dir ließest, nein, keine Spur mehr von ihm, kein Abbild, sondern sozusagen das Bild eines lebenden Leichnams …

Keine Weisheit noch Gelehrsamkeit besitzen genügend Kraft, um einen so großen Kummer erträglich zu machen. Ich weiß, es hat einen Zeitpunkt gegeben, wo es ehrenvoller und nutzbringender für mich gewesen wäre zu sterben. Aber nicht nur das, sondern auch vieles andere habe ich versäumt, doch wenn ich nun über Vergangenes jammern wollte, täte ich nichts anderes, als deinen Kummer noch zu vermehren und mich selbst als töricht hinzustellen.

Was soll ich dir, lieber Bruder, meine Tochter – und damit auch deine – und unseren Cicero ans Herz legen? Es betrübt mich, dass ihre Verwaisung dir nicht weniger Kummer machen wird als mir, aber solange du uns erhalten bleibst, sind sie ja nicht verwaist.

Ich kann vor Tränen nicht weiterschreiben und hoffe nur, dass es noch eine Rettung für mich gibt und ich in der Heimat sterben darf. Bitte kümmere dich auch um Terentia und schreib mir über alles, was sich tut. Halte dich tapfer, soweit es die Umstände erlauben.

Dyrrhachium, 25. November 58

An Terentia,
Tullia und Cicero jun.

Ich habe es vielfach schriftlich und allerseits mündlich erfahren, wie unglaublich tüchtig du bist und wie tapfer du dich hältst und dich weder von seelischen noch von körperlichen Leiden entmutigen lässt. Ich Unglücklicher – dass du, eine so tüchtige, treuerprobte, liebenswerte Frau meinetwegen in ein solches Unglück geraten musstest, und dass unsere Tulliola, die von ihrem Vater so viel Schönes empfing, durch ihn nun so viel Leid erdulden muss! Doch was soll ich erst von unserem kleinen Cicero sagen? Gerade beginnt er die Welt kennen zu lernen, da bekommt er schon bitterstes Leid und Elend zu spüren. Könnte ich das alles als »Schläge des Schicksals« auffassen, so wie du schreibst, dann würde ich es wohl leichter ertragen können.

Aber es ist alles meine Schuld – ich glaubte mich von denen geliebt, die mich doch nur beneideten, und ich hielt mich nicht zu denen, die mich zu gewinnen suchten. Wäre ich nur meinem eigenen Kopf gefolgt und hätte nicht so viel auf das Gerede törichter oder böswilliger Freunde gegeben, dann wären wir jetzt die glücklichsten Menschen.

Aber da uns die Freunde nun Hoffnung machen, will ich mich bemühen, dass du dich nicht auch noch um meinen Gesundheitszustand sorgen musst ... Die Seuche, die hier wütete, ist nun abgeklungen; ich blieb von ihr verschont ...

Du schreibst mir, meine Terentia, du wolltest dein Landgut verkaufen. Ach, ich Armer – ich beschwöre dich: Wo soll das hinführen? Wenn uns beide das gleiche Los trifft, was soll aus dem armen Jungen werden? Ich kann nicht mehr weiterschreiben, die Tränen überwältigen mich. Ich will dich nicht auch noch zum Weinen bringen, deshalb schreibe ich nur so viel: Wenn unsere Freunde auf Posten sind, dann wird es uns an Geld nicht fehlen. Wenn nicht, dann kannst du es mit deinem Geld auch nicht retten. Bei unserem elenden Schicksal: Sieh zu, dass wir den armen Jungen nicht vollends arm machen. Wenn ihm nur ein bisschen was bleibt, so dass er keinen Mangel leidet, dann ist nur ein Quäntchen Tüchtigkeit und Glück vonnöten, dass es wieder weitergeht.

Bleib gesund und schicke mir Kuriere, damit ich auf dem Laufenden bin, wie meine Sache steht und wie es euch geht. Ich brauche in jedem Falle nicht mehr lange auf eine Entscheidung zu warten.

Grüße Tulliola und Cicero – lebt wohl.

Dyrrhachium, 29. November 58

An Terentia

Du schreibst, du würdest zu mir kommen, wenn ich es wünsche. Ich weiß aber, dass die Hauptlast auf deinen Schultern liegt, und daher möchte ich lieber, du bleibst dort. Wenn ihr mit euren Bemühungen Erfolg habt, dann ist es geboten, dass ich zu euch komme. Wenn nicht – doch dazu brauche ich nichts weiter zu schreiben …

Sorge dafür, dass du gesund bleibst, und sei überzeugt, dass ich nichts Lieberes auf der Welt hatte und habe als dich! Leb wohl, meine Terentia – ich meine, ich sehe dich vor mir, und so fließe ich hin in Tränen. Leb wohl.

Thessalonike, 13. Juni 58

An Quintus Cicero

Wie soll ich es ertragen, dass ich gleichzeitig auch noch sie vermissen muss – meine Tochter, mit ihrer liebevollen Art, ihrem angenehmen Wesen, ihrer Klugheit: Sie ist doch im Gesichtsausdruck, in ihrer Rede und in ihrem Wesen ganz mein Ebenbild!

Rhodos, um den 11. August 50

An Atticus

Während ich hier in der Provinz alles tue, um Appius Ehre zu erweisen, bin ich auf einmal der Schwiegervater seines Anklägers ⟨Cornelius Dolabella⟩ geworden. Du wirst sagen: »Mögen die Götter ihren Segen dazu geben!« Ja, das wünsche ich, und ich weiß, dass es auch dir am Herzen liegt. Aber glaube mir, ich hätte nichts weniger erwartet. Ich hatte doch wegen Tiberius Nero ⟨dem späteren ersten Gatten der Kaiserin Livia⟩, der an mich herangetreten war, schon bestimmte Leute zu meinen Damen gesandt. Aber als sie in Rom eintrafen, war die Verlobung schon perfekt. Nun, ich kann nur hoffen, dass es so das Bessere ist. Die Damen sind jedenfalls, wie ich sehe, ganz hingerissen von der zuvorkommenden und gefälligen Art des jungen Mannes. Über das Weitere wollen wir uns keine grauen Haare wachsen lassen.

Side, 3./4. August 50

An Caelius

Ich freue mich, dass Dolabella von dir Lob erhält und auch deine Sympathie genießt. Du gibst der Hoffnung Ausdruck, dass da einiges durch die kluge Art meiner Tullia ins Lot gebracht würde – ich weiß schon, worauf du in deinem Brief da anspielst. Du könntest auch meinen lesen, den ich seinerzeit auf deinen Brief hin an Appius geschrieben habe. Aber was willst du machen? So ist das Leben. Es ist nun geschehen, und die Götter mögen ihren Segen dazu geben. Ich hoffe, einen mir genehmen Schwiegersohn zu bekommen, wozu deine Liebenswürdigkeit ihm gegenüber ein Gutteil beitragen wird.

Bei Pontius auf dem Trebulanum,
9. Dezember 50

An Atticus

Was bleibt noch übrig? Ach ja: Mein Schwiegersohn ⟨Dolabella⟩ ist liebenswürdig zu mir, zu Tullia und Terentia; er hat einen guten Kopf und eine feine Lebensart. Das Übrige – du weißt schon – das müssen wir eben hinnehmen.

Rom, 5. Dezember 61

An Atticus

Wie schwankend und widersprüchlich mein Bruder in seinen Meinungen, Ansichten und Urteilen ist, das ersehe ich deutlich aus deinem Schreiben, dem du Abschriften von Briefen meines Bruders beigelegt hast.

Da ihr mir beide so sehr am Herzen liegt, macht mir das auch ensprechenden Kummer, und ich möchte bloß wissen, was da passiert ist, was meinen Bruder Quintus so sehr verletzt oder einen solchen Stimmungsumschwung bei ihm hervorgerufen hat …

Wo die Schuld für diese ganze Misere zu finden ist, das vermag ich mir zwar zu denken, aber ich kann dir's nicht schreiben. Ich befürchte nämlich, während ich *die Meinen* verteidige, verfahre ich nicht schonend gegen die Deinen.

Minturnae, 5./6. Mai 51

An Atticus

Nun komme ich zu deiner abschließenden Randbemerkung, in der du mir einen Wink gibst wegen deiner Schwester ⟨Pomponia, der Gattin von Ciceros Bruder Quintus⟩. Also damit steht es folgendermaßen: Gleich nach meiner Ankunft auf dem Arpinum kam mein Bruder, wir unterhielten uns gleich, und es war viel von dir die Rede. Dabei kam ich auf das, was wir, du und ich, auf dem Tusculanum über deine Schwester gesprochen hatten. Und dann war mein Bruder so mild und versöhnlich gegen deine Schwester – so etwas habe ich überhaupt noch nicht erlebt. Wenn es da eine Verstimmung gab wegen ihrer übertriebenen Ausgaben, dann war jedenfalls nichts davon zu merken. So ging es an diesem Tag, am nächsten reisten wir vom Arpinum ab.

Wegen des Feiertags blieb Quintus auf dem Arcanum; ich begab mich auf das Aquinum, wir trafen uns aber zu einem zweiten Frühstück auf dem Arcanum – du kennst das Gut ja. Als wir dort ankamen, sagte Quintus in aller Freundlichkeit zu Pomponia: »Pomponia, lade du die Frauen ein, ich hole die jungen Männer her!« Freundlicher in Wort, Gesinnung und Miene konnte er überhaupt nicht sein, das war jedenfalls mein Eindruck. Aber sie sagte so laut, dass wir es alle hören mussten: »Ich bin hier ja selbst nur Gast!« Und das vermutlich, weil Statius vorausgegangen war, um nach dem Frühstück für uns zu sehen. Darauf Quintus zu mir: »Da siehst du's – so geht's mir tagaus, tagein.« – Du wirst sagen: »Ich bitte dich, das heißt doch nichts!« O doch – ich war selbst ganz betroffen, so schroff und unfreundlich war ihre Reaktion in Wort und Miene.

Ich ließ mir meine schmerzliche Empörung nicht anmerken. Wir gingen alle zu Tisch – ohne sie. Doch

Quintus ließ ihr Essen bringen – sie wies es zurück. Was willst du noch? Mein Bruder erschien mir als ein Muster von Sanftheit, deine Schwester als die Schroffheit in Person. Dabei übergehe ich noch so allerhand, was mich damals mehr ärgerte als Quintus selbst.

Ich ging von dort auf das Aquinum, Quintus blieb auf dem Arcanum, kam dann am nächsten Morgen zu mir aufs Aquinum und erzählte mir, sie hätte nicht bei ihm schlafen wollen und sei beim Weggehen gerade so gewesen, wie ich sie erlebt hätte. Was also noch? Vielleicht könntest du ihr sagen, sie habe an diesem Tage meiner Meinung nach jegliche Herzlichkeit vermissen lassen.

Ich habe dir gegenüber nun vielleicht mehr Worte gemacht als nötig – damit du siehst, dass es auch deine Aufgabe ist, hier ein mahnendes Wort zu sprechen.

Ende Oktober 44

An Marcus Tullius Cicero jun.

Mein lieber Sohn Marcus!
Seit einem Jahr studierst du nun bereits bei ⟨dem Peripatetiker⟩ Kratippos, und noch dazu in Athen: Da hast du natürlich philosophische Lehren und Grundsätze in reicher Fülle, denn dein Lehrer wie auch die

Stadt bieten dir die besten Vorbilder: Er kann dich durch seine Gelehrsamkeit und sein Wissen fördern, die Stadt aber durch ihre Denkmäler vom Leben und Wirken großer Männer.

Ich habe ja nun durchaus zu meinem Nutzen stets das Lateinische mit dem Griechischen verbunden, und das nicht nur in der Philosophie, sondern auch in der rhetorischen Übung. So musst du es meiner Meinung nach auch machen, damit du für beide Gebiete die gleiche Befähigung hast. Hierin habe ich, wie ich wohl sagen darf, meinen Mitbürgern große Dienste geleistet, so dass nicht nur die im Griechischen Unkundigen, sondern auch die Gebildeten glauben, mir einiges zu verdanken, was die Redefähigkeit wie auch das Urteil in philosophischen Fragen angeht.

Daher lerne du nur von deinem Lehrer, der ein führender Kopf in der Philosophie unseres Zeitalters ist, und lerne, solange du Lust hast, das heißt, solange du Freude an deinen Fortschritten hast. Wenn du auch meine Schriften liest – die von den Peripatetikern nicht sehr abweichen, denn sie und ich, wir wollen ja beide Sokratiker wie Platoniker sein –, da bilde dir über die philosophischen Fragen nur dein eigenes Urteil; daran will ich dich keineswegs hindern. Du wirst aber, wenn du dazu meine Werke liest, auf jeden Fall eine größere Ausdrucksfähigkeit im Lateinischen erreichen. Fasse das bitte nicht als anmaßende Äußerung auf. Philosophisches Wissen räume ich vielen ein; was aber die eigene Domäne des Redners angeht, nämlich passend, angemessen, klar und deutlich und mit rednerischem Schmuck zu sprechen, so nehme ich dafür doch wohl zu Recht einige Sachkenntnis für mich in Anspruch, schließlich habe ich mein ganzes Leben diesen Zielen gewidmet.

Daher mahne ich dich eindringlich, mein Cicero: Lies nicht nur meine Reden, sondern auch meine philosophischen Schriften, die die anderen an Umfang schon beinahe erreicht haben. Der größere Schwung ist natürlich in den Reden zu finden, aber man muss auch diesen ausgeglichenen und gemäßigten Stil pflegen.

Ende Oktober 44

An Marcus Tullius Cicero jun.

Hiermit erhältst du nun ein Geschenk von deinem Vater, mein lieber Sohn Marcus, das meiner Meinung nach wichtig ist, dessen Wert für dich aber davon abhängt, was du daraus machst. Obgleich du ja schon deine Aufzeichnungen aus den Vorlesungen des Kratippos hast, solltest du nun auch noch diese drei Bücher über die Pflichten als Gäste bei dir aufnehmen … Wenn ich aber sehe, dass du an dieser Art von Wissen und Erkenntnis Freude hast, werde ich mich mit dir in nächster Zeit, wie ich hoffe, ⟨in

Athen⟩ persönlich unterhalten. Solange wir aber getrennt sind, unterhalte ich mich in Abwesenheit schriftlich mit dir.

Leb wohl, mein Cicero, sei versichert, dass du mir das Liebste bist, aber viel teurer wirst du mir noch werden, wenn du an dieser meiner Schrift mit ihren Anweisungen und Lehren deine Freude hast.

Astura, 11. Juni 44

An Atticus

Endlich ein Kurier von meinem Cicero – und, alle Wetter, was für ein geschliffener Stil – das zeigt doch, dass er Fortschritte macht! Ebenso schreiben die anderen recht positiv, nur ⟨sein Lehrer⟩ Leonides bleibt bei seinem: »So wie es augenblicklich steht.« Herodes dagegen lobt ihn in höchsten Tönen. Was soll's? Selbst wenn sie nur Worte machen, hierbei lasse ich mir's gefallen und tue gern so, als ob ich daran glaube.

Brundisium, 12./13. Juni 47

An Atticus

Diesen Brief gebe ich fremden Kurieren mit, die es eilig haben; er ist deshalb so kurz, und auch weil ich im Begriffe bin, meine eigenen zu entsenden.

Meine Tullia ist am 12. Juni hier eingetroffen und hat mir sehr viel erzählt von deinem Entgegenkommen und deiner Güte gegen sie. Auch hat sie mir drei Briefe mitgebracht. Aber mir hat ihr charakterfestes, liebenswürdiges und kindlich ergebenes Wesen gar nicht die Freude bereitet, wie ich sie doch bei diesem Musterbild einer Tochter haben müsste. Nein, es hat mich mit unsäglichem Schmerz erfüllt, dass sich ein solch großartiges Wesen in einer so elenden Lage befinden muss, und das ohne irgendwelches eigenes Verfehlen, sondern ganz und gar durch meine Schuld ⟨durch Parteinahme für die besiegte Partei im Bürgerkrieg⟩.

Daher erwarte ich auch keinen Trost mehr von dir, den du, wie ich sehe, gerne spenden möchtest, und auch keinen Rat, denn hier gibt's nichts zu raten. Dass du alles versucht hast, sowohl in deinen früheren Briefen wie auch jetzt wieder in dem letzten, das weiß ich wohl.

Bei Venusia, 1. Oktober 47

An Terentia

Auf das Tusculanum komme ich wahrscheinlich am 7. oder einen Tag später. Dass dann dort alles bereit ist! Es kommen nämlich vielleicht mehrere Leute mit mir, und ich nehme an, dass wir länger dort bleiben.

Wenn keine Wanne im Bad ist: dass eine beschafft wird. Ebenso alles Übrige, was man zum Leben und Wohlbefinden braucht.

Leb wohl!

Rom, Ende Januar 45

An Lepta

Mich hält hauptsächlich die bevorstehende Niederkunft meiner Tullia hier in Rom. Sie ist zwar, so hoffe ich jedenfalls, kräftig genug, aber ich will doch noch bleiben, bis ich von den Beauftragten Dolabellas die erste Rate ⟨der Mitgift, die nach der Scheidung zurückzuzahlen war⟩ erhalten habe.

Leucas, 7. November 50

An Tiro

Dein Brief, lieber Tiro, hat in mir ein Auf und Ab der Gefühle erregt: Die erste Seite machte mich sehr besorgt, die zweite beruhigte mich wieder etwas. Es steht für mich auf jeden Fall fest, dass für dich weder eine Weiterreise zur See noch zu Land in Frage kommt, bevor du nicht völlig auskuriert bist. Ich sehe dich früh genug, wenn ich dich ganz genesen wiedersehe.

Nur um eines bitte ich dich, lieber Tiro: Scheue

keine Kosten bei allem, was für deine Genesung notwendig ist. An Curius habe ich geschrieben, er solle dir zur Verfügung stellen, was du verlangst. Auch dem Arzt muss man etwas geben, damit er sich noch mehr bemüht.

Unzählbar sind die Dienste, die du mir erweist: bei meinen Aufgaben zu Hause, auf dem Forum, in der Stadt, in der Provinz, bei geschäftlichen und politischen Angelegenheiten, bei meinen Studien und meinen literarischen Arbeiten. Alles wirst du aber noch übertreffen, wenn ich dich, wie ich hoffe, heil und gesund wiedersehe.

Leb wohl, mein Tiro, leb wohl, leb wohl und werde gesund! Lepta sendet dir auch gute Wünsche und ebenso alle hier.

VII

Ich sollte nicht trauern – wie könnte man das?

Astura, 8. März 45

An Atticus

Du möchtest, dass ich mich von meiner Trauer ⟨über Tullias Tod⟩ wieder erhole, und du meinst es gut, wie immer. Aber du bist selbst Zeuge, dass ich es nicht an mir fehlen ließ. Es gibt nichts, was von irgendjemand über die Linderung der Trauer geschrieben wurde, was ich nicht bei dir daheim gelesen habe. Doch der Schmerz macht alle Trostgründe zunichte. Ja ich habe sogar etwas unternommen, was vor mir sicher noch niemand tat: Ich habe eine Trostschrift an mich selbst verfasst. Ich schicke dir das Buch, wenn die Kopisten es abgeschrieben haben. Es gibt keinen wirksameren Trost, das versichere ich dir. Ganze Tage schreibe ich, nicht damit ich dadurch etwas gewinne, doch es lenkt mich eine Weile ab. Freilich nicht genug – der Schmerz ist übermächtig –, aber ich erhole mich doch dabei und bin nach Kräften bemüht, wenn nicht den Geist, so doch meine Miene so weit wie möglich in Fassung zu bringen. Wenn ich das tue, komme ich mir bisweilen vor, als beginge ich ein Unrecht; bisweilen glaube ich auch wieder, es sei unrecht, wenn ich es nicht tue.

Die Einsamkeit hilft mir etwas, aber sie würde mir noch mehr helfen, wenn du sie mit mir teilen würdest.

Astura, 9. März 45

An Atticus

In dieser Einsamkeit bin ich ohne jegliche Zwiesprache, und wenn ich mich am frühen Morgen in das düstere Waldesdickicht verkrochen habe, komme ich vorm Abend nicht mehr zum Vorschein. Nächst dir ist mir nichts so lieb wie die Einsamkeit. In ihr rede ich nur mit meinen Büchern, aber auch hierbei unterbricht mich oft ein Tränenstrom. Ich kämpfe dagegen an, soweit ich es vermag, aber ich kann ihn bis jetzt noch nicht bemeistern.

Astura, 11. März 45

An Atticus

Es geht um die Grabkapelle ⟨für Tullia⟩, über die du dir bitte so viele Gedanken machen sollst, wie ich dir lieb und wert bin … Vielleicht reißt das meine Wunden wieder auf, aber ich fühle mich wie durch ein Gelübde oder ein Versprechen gebunden. Und der Gedanke an die Länge der Zeit, in der ich nicht mehr bin, bewegt mich mehr als der an die jetzige kurze

Zeitspanne, obwohl sie mir noch viel zu lang erscheint. Dabei habe ich alles versucht, um Trost und Ruhe zu finden, aber vergebens.

Astura, 19. März 45

An Atticus

Wenn es mit dem Gartengrundstück jenseits des Tiber ⟨als Platz für Tullias Grabkapelle⟩ nichts wird, so hat Cotta noch eines bei Ostia an einem belebten Ort. Es ist freilich nur klein, aber für unseren Zweck mehr als ausreichend. Bitte überlege es dir. Und hab nur keine Angst wegen der Preise für diese Gartengrundstücke. Ich brauche kein Silbergeschirr mehr, keine Teppiche, keine schön gelegenen Villen wie einst: Nur dies eine brauche ich noch.

Astura, 19. März 45

An Atticus

Es ist aus mit mir, Atticus, es ist aus, in Wirklichkeit schon längst, aber jetzt gebe ich es selbst zu, nachdem ich das Einzige, was mich noch gehalten hat, verloren habe. So suche ich die Einsamkeit, aber wenn mich doch etwas zu dir führt, werde ich mir Mühe geben – wenn ich's nur kann, aber ich werde es können –, dass außer dir keiner meinen Schmerz spürt, und wenn es irgend möglich ist, selbst du nicht.

Astura, 9. Mai 45

An Atticus

Wie du schreibst, fürchtest du, mein Einfluss und mein Ansehen könnten durch meine Trauer eine Einbuße erleiden. Ich weiß wahrhaftig nicht, was die Leute mit ihrem Tadel oder ihren Forderungen wollen. *Ich sollte nicht trauern? Wie könnte man das?* Ich soll nicht völlig niedergeschlagen sein? Das bin ich ganz und gar nicht! Während ich Linderung in deinem Haus suchte – wen habe ich da abgewiesen? Wer kam und war mir lästig?

Von dir aus bin ich nach Astura gereist: Diese unbedarften Gemüter, die mich tadeln, können gar nicht so viel lesen, wie ich geschrieben habe! Wie gut oder schlecht, darauf kommt es hier nicht an; solche Themen kann jedenfalls keiner behandeln, der ganz und gar am Boden ist …

Wenn ich wieder nach Rom komme, wird niemand an meiner Miene oder meiner Redeweise etwas auszusetzen haben. Meine Heiterkeit freilich, mit der ich diese traurigen Zeiten etwas aufzuhellen suchte, die habe ich für immer verloren; eine standhafte, feste Haltung aber, sowohl dem Geist wie dem Wort nach, wird niemand bei mir vermissen.

VIII
Ich kannte mich selbst noch nicht

Athen, 6. Juli 51

An Atticus

Dass mir ja mein Provinzkommando nicht verlängert wird – bei allen guten Göttern! Sorge dafür, solange du in Rom bist, soweit es nur möglich ist. Ich kann gar nicht sagen, wie in mir die Sehnsucht nach der Hauptstadt brennt; ich halte es kaum aus hier in dieser Langweiligkeit …

Meine Reise durch Griechenland bis hierher hat größte Bewunderung erregt, und ich kann mich bisher auch, Gott sei Dank, über keinen von meinen Leuten beklagen. Offenbar sind sie sich im Klaren, worum es mir geht und wie sie sich auf der Reise zu verhalten haben: Sie tun alles für meinen guten Ruf. Und das wird sicherlich auch so bleiben, dem Sprichwort getreu: »Wie der Herr …«

Laodicea, 20. Februar 50

An Atticus

Caelius hat mir einen seiner Freigelassenen geschickt mit einem ausführlichen Brief wegen der Panther ⟨für seine Spiele als Ädil⟩ und dass ich ihm von den

Gemeinden hier Geld verschaffen soll. Ich habe ihm geantwortet, ich bedauerte es sehr, dass ich hier im Verborgenen wirke und man in Rom nichts davon gehört hat, dass in meiner Provinz außer zum Schuldenausgleich kein Heller verausgabt werde. Und ich habe ihm klargemacht, ich könne es mir nicht erlauben, mir Geld zu verschaffen, und er sich nicht, welches anzunehmen. Und ich habe ihn, so lieb er mir ist, ermahnt, in einem Punkt, wo er anderen Vorwürfe mache, selbst etwas zurückhaltender zu sein. Was aber das andere angehe, so vertrage es sich nicht mit meinem guten Ruf, dass die Einwohner von Cibyra auf meinen Befehl eine Staatsjagd abhalten müssten.

Laodicea, 4. April 50

An Caelius Rufus

Was die Panther betrifft, so sind die Männer, die sich auf eine solche Jagd verstehen, in meinem Auftrag eifrig bei der Arbeit. Aber es gibt erstaunlich wenige, und die wenigen beklagen sich angeblich bitter, dass sie die einzigen in meiner Provinz sind, die man nicht in Ruhe lässt. Deshalb sollen sie beschlossen haben, aus meiner Provinz nach Karien auszuwandern.

Kleinasiatischer Leopard, nach Cicero
»Pardus panthera tulliana« benannt

Fotografie von Hans Kumerloeve

Pindenissus,
um den 20. Dezember 51

An Atticus

Am Morgen zu Beginn der Saturnalienfeiertage haben sich mir die Pindenissiten ergeben, sechsundfünfzig Tage nach dem Beginn der Belagerung. – »Was zum Henker sind das für Leute, diese Pindenissiten«, wirst du fragen. »Den Namen habe ich noch nie gehört.«

Ja was soll ich machen? Kann ich etwa aus Kilikien ein Ätolien oder Makedonien machen? Du musst es also schon so hinnehmen: Mit einem solchen Heer und hier kann man eben nur solche Großtaten vollbringen. Lass dir also in kurzen Zügen davon berichten, wie du es mir ja in deinem letzten Brief zugestanden hast …

Im Heerlager traf ich am 26. August ein und inspizierte die Truppen am 28. bei Iconium. Da bedenkliche Nachrichten über die Parther eintrafen, rückte ich aus dem Lager aus und machte mich auf den Marsch durch Kilikien, und zwar durch den an Kilikien angrenzenden Teil von Kappadokien. Es war meine Absicht, dass der Armenierkönig Artavasdes und die Parther selbst glauben sollten, der Pass nach Kappadokien sei für sie gesperrt.

Fünf Tage lagerte ich bei Cybistra in Kappadokien, als ich die Meldung erhielt, die Parther befänden sich in weiter Entfernung von diesem Einfallstor nach Kappadokien; sie bedrohten vielmehr Kilikien. Ich zog also eilends über die Tauruspässe nach Kilikien. In Tarsus traf ich am 5. Oktober ein. Von dort zog ich zum Amanus, der Wasserscheide zwischen Kilikien und Syrien. In diesen Bergen steckt alles voll von unseren ewigen Feinden. Hier haben wir ihnen am 13. Oktober schwere Verluste beigebracht, ihre stark befestigten Kastelle haben wir genommen und in Brand gesteckt; Pomptinus hatte sie in der Nacht und ich am frühen Morgen angegriffen. Hier hat man mich zum Imperator ausgerufen. Ein paar Tage lagerte ich an der Stelle, wo Alexander bei Issos gegen Darius gestanden hat, ein immerhin größerer Feldherr als du oder ich …

So viel von diesen Ereignissen. Doch ich will zu Früherem zurückkehren. Wozu du mich vor allem ermahnst, und was deine Hauptsorge ist, nämlich dass wir sogar den strengsten Kritiker zufrieden stellen: So wahr ich lebe – man könnte nicht anständiger sein. Ich nenne es schon nicht mehr Enthaltsamkeit, denn das scheint eine Tugend, die mit dem Genuss im Kampf liegt. Mir hat jedenfalls in meinem ganzen Leben nichts einen solchen Genuss bereitet wie meine absolut integre Haltung. Und es ist nicht so sehr mein guter Ruf – er könnte nicht besser sein –, nein, die Sache selbst macht mir Freude. Nicht wahr? Es hat sich gelohnt. *Ich kannte mich selbst noch nicht* und wusste überhaupt nicht, was ich auf diesem Gebiet leisten konnte. Ich darf mich in meinem Ruhm sonnen: Es ist wirklich etwas Großartiges.

Im Übrigen hoffe ich, dass mein gesamtes Amtsjahr die Provinz keinen Heller kosten wird.

IX

Dass wir keinen Staat mehr haben

Rom, Ende Juli 56

An Lentulus

Du schreibst, du möchtest wissen, wie es in der Politik steht. Es herrscht größte Uneinigkeit, aber es ist ein ungleiches Ringen. Die Männer, die durch ihren Reichtum ⟨Crassus⟩, ihre militärische Position ⟨Caesar⟩ und ihren politischen Einfluss ⟨Pompeius⟩ das Übergewicht besitzen, haben es, so meine ich, aufgrund des törichten und wankelmütigen Verhaltens ihrer Gegner erreicht, nun auch die größere Autorität zu besitzen. So haben sie gegen nur vereinzelten Widerstand im Senat alles durchgesetzt, was sie sogar beim Volk nicht anders als durch Terrormaßnahmen zu erreichen glaubten: Man bewilligte Caesar die Soldzahlungen ⟨für die eigenmächtig ausgehobenen Legionen⟩ und die zehn Legaten, und es war leicht zu verhindern, dass er dem Sempronischen Gesetz gemäß einen Nachfolger ⟨für die gallischen Provinzen⟩ erhielt.

Davon schreibe ich dir nur so kurz, weil mir dieser derzeitige Zustand des Staates keinerlei Freude macht.

Ich schreibe dennoch, um dich aufzufordern, du solltest, solange du selbst noch nicht betroffen bist, das lernen, was ich, von Jugend auf in allen Wissenschaften geübt, doch mehr am eigenen Leibe als aus Büchern gelernt habe: Wir dürfen weder auf unsere Sicherheit bedacht sein, ohne an die Wahrung unseres Ansehens zu denken, noch umgekehrt für unser Ansehen sorgen, ohne auf unsere Sicherheit bedacht zu sein.

Tusculanum,
Ende Oktober / Anfang November 54

An Quintus Cicero

Ich halte mich von allen Sorgen um den Staat fern und widme mich wissenschaftlichen Arbeiten, aber ich will dir doch sagen, was ich weiß Gott gerade vor dir am ehesten verheimlicht haben möchte: Es tut mir weh, liebster Bruder, es tut mir in der Seele weh, *dass wir keinen Staat mehr haben*, kein Gerichtswesen, und dass ich in meinem Alter, in dem ich mich eigentlich meiner Würde als Senator zu erfreuen hätte, mich entweder mit Prozesskram herumplage oder mich daheim mit literarischen Arbeiten aufrechterhalte. Und dass mein Leitstern, an dem ich von Kindheit an meine Freude hatte, nämlich: »Immer der Erste zu sein und sich auszuzeichnen vor andern« ⟨*Ilias* 6,208; 11,784⟩, gänzlich erloschen ist und ich meine Gegner teils unbehelligt lassen, teils sogar verteidigen muss, dass ich nicht in meiner politischen Gesinnung, ja nicht einmal in meiner persönlichen Antipathie frei bin.

Cumae, im Juni 56

An Atticus

Lentulus' Tod betrauere ich, wie sich's gebührt. Wir haben in ihm einen wackeren Mann verloren, eine großartige Persönlichkeit, in der sich Seelengröße mit warmer Menschlichkeit verband. Für uns ist es ein schlechter Trost, aber doch immerhin einer: Wir können uns trösten, dass wir sein Los eigentlich gar nicht zu beklagen brauchen, aber nicht im Sinne von euch Epikureern: Mir kommt es vielmehr so vor, als sei er, weil er sein Vaterland so liebte, durch eine gnädige Fügung der Götter aus dessen Untergang entrückt worden.

Denn was ist widerwärtiger als unser Leben, besonders das meine? Du bist ja, obwohl von Haus aus dem politischen Leben zugewandt, doch nicht persönlich in sklavische Abhängigkeit geraten, sondern nimmst nur an der allgemeinen Misere teil. Aber ich – äußere ich mich in der Politik, wie sich's gebührt, so gelte ich als verrückt. Rede ich den Umständen entsprechend, bin ich eine Sklavenseele. Halte ich den Mund, heißt es, ich habe mich fesseln und knebeln lassen. Was glaubst du, wie schmerzlich das für mich sein muss?

In Campanien, 21. Januar 49

An Atticus

Ich bitte dich – was ist das? Was wird hier gespielt? Ich tappe nämlich im Dunkeln. Reden wir hier von einem Befehlshaber des römischen Volkes oder von Hannibal? Was ist das für ein wahnwitziger, elender Kerl, der niemals auch nur den Schatten vom wahren Schönen und Guten gesehen hat! Und da sagt er ⟨Caesar nach dem Rubikonübergang⟩ auch noch, er tue alles nur um seiner Ehre willen! Aber wo gibt es Ehre ohne Anstand? Ist es etwa anständig, auf eigene Faust ein Heer zu kommandieren, Städte der Mitbürger zu besetzen, um einen leichteren Zugriff auf die Vaterstadt zu haben? Schuldenerlass, Rückführung der Verbannten und hunderterlei andere Untaten im Schilde zu führen, »erringt er nur die größte Göttin sich, die Macht«? ⟨Euripides, *Phoenissen* 506.⟩ Nun, er soll sein Glück haben! Ein einziges Lustwandeln bei dir in deiner Sonne, die für alle da ist, ist mir lieber als alle Herrschaft dieser Art. Ja, ich möchte lieber tausend Tode sterben, als nur einen Augenblick lang an so etwas auch nur zu denken.

Cales,
in der Nacht vom 18./19. Februar 49

An Atticus

Die schicksalhaften und höchst beklagenswerten Ereignisse ⟨nach Caesars Rubikonübergang⟩ haben mich in Verwirrung gebracht, und obwohl ich mich mündlich mit dir nicht beraten kann, möchte ich doch auf deinen Rat nicht verzichten.

Die Überlegung läuft darauf hinaus: Wenn Pompeius Italien aufgibt – und ich vermute stark, er tut dies –, was soll ich dann machen, was meinst du?

Formianum, 12. März 49

An Atticus

Soll man im Vaterland bleiben, wenn es von einem Tyrannen beherrscht wird? …

Muss man mit seinen Gönnern und Freunden in der Politik alle Gefahren teilen, auch wenn diese offenbar nicht gut beraten sind in ihren politischen Maßnahmen?

Soll jemand, der sich große Verdienste um das Vaterland erworben hat und eben aus diesem Grunde unerträgliches Leid und Anfeindung auf sich nehmen musste – soll der von sich aus für das Vaterland sein Leben in die Schanze schlagen? Oder sollte es ihm gestattet sein, auch einmal an sich und seine Angehörigen zu denken und die Zwistigkeiten mit den Machthabern beiseitezulassen?

Formianum, 27. Februar 49

An Atticus

Beide ⟨Pompeius und Caesar⟩ streben nur nach Gewaltherrschaft, es geht ihnen nicht darum, dass die Bürgerschaft glücklich und ehrenvoll lebe …

Schon längst läuft es auf ein Schreckensregiment wie bei Sulla hinaus, und viele, die auf seiner ⟨Pompeius'⟩ Seite stehen, sind begierig darauf. Oder meinst du, zwischen beiden wäre kein Abkommen, keine Übereinkunft möglich gewesen? Noch heute wäre es möglich. Aber keinen von ihnen kümmert es, dass wir glücklich leben; sie wollen beide nur herrschen.

Formianum, 21. Februar 49

An Atticus

Vor wem ich zu fliehen habe, weiß ich, aber nicht, wem ich folgen soll.

Rom, nach dem 13. August 46

An M. Marcellus

Bei einem Bürgerkrieg ist alles jammervoll; unsere Väter haben dies kein einziges Mal zu spüren bekommen, unsere Generation schon mehrmals. Aber nichts ist jammervoller als eben der Sieg. Auch wenn er den Besseren zuteilwird, macht er doch auch sie brutaler und hemmungsloser: Selbst wenn sie von Natur aus nicht so sind, werden sie doch durch den Zwang der Verhältnisse dazu genötigt. Vieles muss ja der Sieger, auch unfreiwillig, denen zu Gefallen tun, mit deren Hilfe er gesiegt hat.

Rom, Anfang August 46

An Paetus

Das ist also nun mein Leben: Morgens begrüße ich daheim meine Besucher, viele Republikaner, aber in gedrückter Stimmung, dann diese strahlenden Sieger, die mich überaus gefällig und überfreundlich behandeln.

Wenn sich die Besucher verlaufen haben, vertiefe ich mich in meine Studien, schreibe oder lese. Es kommen auch Leute, die sich von mir wie von einem Gelehrten Vorlesungen anhören wollen, weil ich eben ein bisschen gelehrter bin als sie selbst. Danach gehört die restliche Zeit dem leiblichen Wohl.

Um das Vaterland habe ich ausgetrauert, tiefer und länger als je eine Mutter um ihren einzigen Sohn.

Rom, Anfang August 46

An P. Nigidius Figulus

Ich habe nichts, was ich dir versprechen könnte; ich bin ja selbst vom gleichen Schicksal betroffen ⟨kaltgestellt unter Caesar⟩ und halte mich in meinem Unglück nur mit Hilfe anderer aufrecht. Öfter kommt es mir in den Sinn zu klagen, dass ich so lebe, als mich zu freuen, dass ich überhaupt noch lebe.

Mich hat persönlich freilich keine besondere Härte getroffen, und was ich mir unter den gegebenen Umständen nur wünschen konnte, das hat Caesar mir von sich aus zukommen lassen. Dennoch leide ich nicht wenig an peinigenden Vorstellungen: Ich fühle mich schuldig eben dadurch, dass ich noch am Leben bin. Ich muss so viele enge Vertraute entbehren, die mir der Tod entrissen oder die Verbannung entzogen hat, dazu all die Freunde, deren Wohlwollen ich mir einst durch die Verteidigung des Staates Seite an Seite mit dir erworben hatte. Ich bin bei ihrem Ruin dabei, bei der Ausplünderung ihrer Güter, und höre nicht nur davon, was allein schon jammervoll genug wäre, sondern muss es mit eigenen Augen sehen – was das Bitterste ist –, wie das Hab und Gut von Männern verschleudert wird, mit deren Hilfe ich einst jenen Feuerbrand ⟨die Verschwörung des Catilina⟩ gelöscht habe.

Und hier in der Stadt, wo ich eben noch durch Einfluss, Ansehen und Ruhm glänzte, da habe ich nun all dies völlig eingebüßt. Von Caesar selbst wird mir alle Höflichkeit und Liebenswürdigkeit erwiesen, aber damit lässt sich der gewaltsame Umsturz aller bisherigen Ordnungen nicht wettmachen.

So bin ich nun all der Dinge beraubt, an die ich meiner Veranlagung, meiner Neigung und meinen Lebensgewohnheiten nach gebunden war. Wie die anderen mich – so scheint's mir wenigstens –, so kann auch ich mich selbst nicht leiden.

Ich war ja dafür geboren, immer etwas Menschenwürdiges zu betreiben, und habe nun keinerlei Möglichkeit mehr, mich zu betätigen, ja, nicht einmal mir etwas vorzunehmen. Und während ich früher irgendwelchen unbedeutenden Personen, ja sogar Schuldigen helfen konnte, bin ich jetzt nicht einmal zu wohlgemeinten Versprechungen in der Lage – gegenüber einem Mann wie P. Nigidius Figulus ⟨der verbannt war⟩, einem Vorbild an Gelehrsamkeit und Integrität, einst so hoch angesehen und doch so eng befreundet mit mir.

Rom, im Dezember 54

An Quintus Cicero

Da ich im Staatsleben nun einmal keinerlei Befriedigung finden kann – warum sollte ich mich da ärgern? Meine literarischen Arbeiten und meine Studien machen mir Freude, das Leben in Muße in meinen Landhäusern, vor allem aber unsere beiden Jungen ⟨Sohn und Neffe⟩.

X

Philosophie, du Führerin des Lebens

Im Jahr 45

Tuskulanische Gespräche

⟨Der Tod ist kein Übel.⟩ Wenn nämlich jener letzte Tag kein Auslöschen, sondern einen Wechsel des Aufenthaltsortes herbeiführt, was ist dann mehr zu wünschen? Wenn er aber vernichtet und gänzlich zerstört, was ist dann besser, als mitten in den Nöten und Plagen des Lebens einzuschlummern, die Augen zu schließen und in ewigen Schlaf zu versinken? Wenn dies aber eintritt, dann … wollen wir jenen Tag für die anderen als schlimm, für uns selbst aber als einen glücklichen Tag ansehen. Und wir wollen nichts zu den Übeln zählen, was von den unsterblichen Göttern oder von der Natur, der Mutter aller Dinge, festgesetzt ist. Nicht von ungefähr und aus Zufall sind wir ja gezeugt und geschaffen; es war vielmehr ganz sicher eine Macht am Werk, die sich um das menschliche Geschlecht kümmert und es nicht erzeugt und ernährt, um es nach dem Erdulden aller Mühsal schließlich in die ewige Unheilsnacht des Todes stürzen zu lassen.

Glauben wir also lieber, dass uns ein Hafen und eine Zufluchtsstätte bereitgehalten wird. Ach, wenn wir doch mit vollen Segeln dorthin fahren dürften! Aber wenn wir auch durch widrige Winde zurückgeworfen werden, so kommen wir nur ein wenig später doch an unseren Bestimmungsort.

Was aber allen bestimmt ist, wie kann das für den Einzelnen ein Unglück sein?

Im Jahr 45

Tuskulanische Gespräche

Philosophie, du Führerin des Lebens, Erforscherin der Tugend, Vertreiberin des Lasters! Was wären nicht nur wir, sondern das menschliche Leben überhaupt ohne dich! Du hast Städte hervorgebracht, du hast die zerstreut lebenden Menschen in Lebensgemeinschaften zusammengerufen, sie zuerst durch Ansiedlung, dann durch die Ehe, endlich durch die gemeinsame Schrift und Sprache verbunden. Du warst die Erfinderin der Gesetze, die Lehrerin von Sitte und Ordnung. Zu dir nehmen wir unsere Zuflucht, von dir erbitten wir Hilfe, dir vertrauen wir uns an, wie früher schon in so vielem, so jetzt aber ganz und gar.

Ein einziger Tag, in rechter Weise nach deinen Geboten verbracht, ist ja einer ganzen Ewigkeit voller Missetaten vorzuziehen. Wessen Hilfe sollten wir also eher in Anspruch nehmen als die deine, die du uns ein Leben in Ruhe geschenkt und uns die Todesfurcht genommen hast?

Im Jahr 45/44

Von der Weissagung

Ich habe viel und lange darüber nachgedacht, wie ich möglichst vielen Menschen nützlich sein könnte, um meine staatsbürgerlichen Pflichten zu keiner Zeit zu unterbrechen, und dabei bot sich mir nichts Wichtigeres an, als meinen Mitbürgern den Zugang zu den edelsten Wissenschaften zu erschließen. Das habe ich ja, wie ich meine, bereits mit mehreren Werken getan …

Und zur Erläuterung der Philosophie bin ich durch das schwere Unglück des Staates gebracht worden, da ich während der Bürgerkriegswirren weder dem Staat auf meine gewohnte Weise mit Erfolg dienen, aber auch nicht untätig bleiben konnte und nichts fand, was meiner eher würdig gewesen wäre …

Da nun unser Staat in diese Lage gekommen war ⟨unter Caesar⟩, begann ich damals, meiner früheren Aufgaben beraubt, diese Studien wieder aufzunehmen, weil ich dadurch am ehesten mein Gemüt vom Gram erleichtern und zugleich meinen Mitbürgern nach Kräften nützen konnte.

In meinen Büchern gab ich nun meine Stimme ab, in ihnen sprach ich zur Volksversammlung, das Philosophieren war für mich an die Stelle der Staatsverwaltung getreten.

Kein Zweig der Philosophie sollte noch übrig sein, der nicht in lateinischer Sprache zugänglich gemacht würde.

Könnte ich dem Staat einen größeren oder besseren Dienst leisten, als wenn ich die Jugend bilde und erziehe, zumal bei diesen Sitten und in diesen Zeiten …?

Auch ist es etwas Großes und Ruhmvolles für die Römer, dass sie in der Philosophie nicht mehr auf die griechischen Schriften angewiesen sind. Dies werde ich sicherlich erreichen, wenn ich mein begonnenes Werk zu Ende führen kann.

Im Jahr 45

Vom höchsten Gut und grössten Übel

Jede der Tugenden ⟨Tapferkeit, Mäßigung, Klugheit, Gerechtigkeit⟩ ist ja mit einer Haltung der Fürsorge verbunden, die sozusagen nach außen blickt und sich zu den anderen hinwendet und sie umfasst hält. So kommt es, dass man sich um Freunde, Geschwister, Verwandte und Verschwägerte, um Mitbürger und, da wir ja nach einer einzigen menschlichen Gemeinschaft streben, um alle Menschen um ihrer selbst willen bemühen muss.

Im Jahr 45

Vom höchsten Gut und größten Übel

Als ich es unternahm, philosophische Abhandlungen, die von den größten Geistern mit einzigartiger Gelehrsamkeit in griechischer Sprache behandelt waren, in die lateinische Literatur zu übertragen, da war ich mir nicht im Unklaren darüber, dass diese meine Bemühungen vielfacher Kritik ausgesetzt sein würden.

Einige nämlich, und zwar keineswegs die Ungebildeten, haben grundsätzlich etwas gegen das Philosophieren. Andere wieder tadeln es nicht, sofern man es nebenbei betreibt, aber großen Fleiß und viel Mühe dürfe man nicht darauf verwenden, meinen sie. Manche aber, namentlich griechisch Gebildete, die die lateinische Literatur gering schätzen, werden erklären, sie verwendeten ihre Mühe lieber auf die Lektüre griechischer Werke. Schließlich wird es auch solche geben, vermute ich, die mich zu anderen literarischen Arbeiten auffordern und behaupten, diese Art der Schriftstellerei zeuge zwar von Bildung, sei aber doch meiner Person und meiner Stellung nicht angemessen.

Diesen allen muss ich kurz Rede und Antwort stehen. Den Gegnern der Philosophie überhaupt habe ich schon eine ausreichende Antwort gegeben in dem Buch ⟨*Hortensius*⟩, in dem ich die Philosophie verteidigt und gepriesen habe, nachdem sie von Hortensius angegriffen und getadelt worden war … Schwieriger ist es, den Verächtern einer auf Lateinisch vorgetragenen Philosophie eine überzeugende Antwort zu geben … Ich glaube, dass sie deshalb eine Abneigung gegen lateinische Schriften haben, weil sie nur stillose Machwerke in die Hände bekamen, die aus schlechtem Griechisch in noch schlechteres Latein übertragen worden waren. Aber wenn bedeutsame Themen in einem guten Stil gewichtig und schön formuliert vorgebracht werden, wie sollte man das nicht lesen wollen? … Ich möchte jedenfalls denen zu Diensten sein, die sich entweder mit der Philosophie in beiden Sprachen beschäftigen wollen oder die andere nicht zu sehr vermissen, wenn sie Werke in ihrer eigenen Sprache haben.

Tuskulanische Gespräche

Neoptolemos sagt ⟨in einem Drama⟩ bei Ennius, Philosophieren sei nötig für ihn, aber nur nebenbei, denn so ganz und gar, das gefalle ihm nicht. Was mich angeht, Brutus, für mich ist Philosophieren notwendig, meine ich – denn was kann ich Besseres tun, zumal da ich nichts zu tun habe? –, aber nicht nebenbei, wie jener. Es ist in der Philosophie ja schwierig, dass jemand nur weniges kennt, dem nicht schon das meiste oder alles bekannt ist. Denn weniges kann man nur aus vielem auswählen, und wer weniges begriffen hat, wird doch mit gleichem Eifer allem anderen nachgehen …

Aber ich habe gar nichts dagegen, dass man gegen mich schreibt, ganz im Gegenteil: Ich wünsche es mir sogar ausdrücklich. Selbst in Griechenland wäre die Philosophie nämlich niemals zu so hohen Ehren gekommen, wenn sie sich nicht durch den Wettstreit und die Meinungsvielfalt großer Geister gestählt hätte.

Daher rufe ich alle dazu Befähigten auf, dem schon altersschwachen Griechenland den Lorbeer auch in dieser Gattung zu entreißen und ihn in unsere Stadt zu verpflanzen. So sind ja alle übrigen Zweige der Gelehrsamkeit, sofern sie erstrebenswert waren, von unseren Vorfahren mit Eifer und Fleiß zu uns herübergeholt worden.

XI

Caesar zu bessern

Antium, im Juni 60

An Atticus

Ich habe es mit Vorsicht und Voraussicht dahin gebracht, dass nicht ich meine trefflichen Grundsätze aufgegeben habe, sondern dass er ⟨Pompeius⟩ sich gebessert und sein Haschen nach der Volksgunst etwas eingeschränkt hat … Was meinst du – wenn es mir auch noch gelänge, *Caesar zu bessern*, der momentan im Aufwind ist?

Tusculanum, Ende Oktober / Anfang November 54

An Quintus Cicero

Über Caesars Wertschätzung, die er mir brieflich zum Ausdruck brachte, freue ich mich außerordentlich. Auf die Versprechungen, die er mir macht, gebe ich nicht viel. Ich dürste nicht nach Ehren und ersehne keinen Ruhm; ich hoffe eher auf die Beständigkeit seiner Zuneigung als auf die Erfüllung seiner Versprechungen. Dennoch lebe ich in ehrgeizigen Plänen und Bestrebungen, als ob ich, was ich gar nicht fordere, doch erwarte ⟨eine Besserung der politischen Verhältnisse durch Caesar⟩.

Bei Pontius auf dem Trebulanum,
9. Dezember 50

An Atticus

Du bist doch so ein großer Gelehrter: Wenn du mir das folgende Problem lösen könntest, würdest du mich aus großem Unbehagen befreien. Er ⟨Caesar⟩ schreibt mir schmeichelhafte Briefe; das Gleiche tut Balbus in seinem Namen. Ich bin entschlossen, nirgends auch nur einen Fingerbreit von meinem Ehrenstandpunkt abzuweichen. Aber du weißt ja, wie viel ich ihm ⟨von seinem Darlehen⟩ noch zurückzuzahlen habe … Was meinst du dazu? »Zahlen wir!«, sagst du. Also, dann müssen wir bei Caelius borgen. Lass dir das bitte durch den Kopf gehen, ich fürchte nämlich, wenn ich im Senat einmal mit Nachdruck für die Verfassung eintrete, da sagt dein Mann da aus Tartessus ⟨Balbus⟩ beim Hinausgehen zu mir: »Sei bitte so gut und lass das Geld beschaffen!«

Formianum, 28. März 49

An Atticus

Beides ging nach deinem Rat: Ich habe so gesprochen, dass ich eher Achtung als Dankbarkeit bei ihm ⟨Caesar⟩ erweckte, und ich bin festgeblieben: Ich komme nicht nach Rom! In einem habe ich mich allerdings getäuscht, nämlich indem ich ihn für um-

Gaius Iulius Caesar
Zeitgenössische Münze

gänglich hielt. Nichts weniger als das. Mein Urteil spräche ihn schuldig, sagte er; wenn ich nicht käme, würden es sich auch alle anderen überlegen. Darauf ich: »Die sind in einer ganz anderen Lage.« – So noch einiges, dann er: »Also dann komm und sprich für den Frieden.« – »Nach meinen Vorstellungen?« – »Soll ich dir etwa Vorschriften machen?« – »Dann werde ich eine Entschließung beantragen, der Senat billige es nicht, dass man nach Spanien geht und dass Truppen nach Griechenland übergesetzt werden. Und ich werde mein tiefes Bedauern über die Lage des Pompeius aussprechen.« – Darauf er: »Solche Äußerungen wünsche ich nicht.« – »Das habe ich mir gedacht«, sagte ich, »aber ich wollte eben deswegen nicht in den Senat kommen. Entweder muss ich so sprechen oder nicht kommen. Und ich muss, wenn ich komme, noch viel mehr sagen, was ich unter keinen Umständen mit Stillschweigen übergehen kann.« Das Ergebnis war, dass er, gleichsam um ein Ende zu machen, sagte, ich solle es mir überlegen. Das konnte ich nicht ablehnen. So schieden wir voneinander. Ich glaube, er war nicht zufrieden mit mir, aber ich bin mit mir zufrieden, und das ist mir schon lange nicht mehr vorgekommen.

Das Übrige aber – o ihr Götter, sein Gefolge, die Unterwelt, wie du zu sagen pflegst … Sein Wort zum Schluss aber war widerwärtig, beinahe hätte ich's vergessen: Wenn er sich meines Rates nicht bedienen dürfe, dann werde er sich Rat holen, wo er ihn fände, und sich dabei auf alles einlassen. Da siehst du also den »großen Mann«, wie du schreibst. Das entlockt dir sicher ein Seufzen ... Ich kann nicht daran zweifeln, dass ich ihn vor den Kopf gestoßen habe. Umso rascher gilt es nun zu handeln. Bitte sei so lieb und schreib mir, und zwar was »Politisches«. Ich warte nun mit Spannung auf deinen Brief.

Rom, Mitte August 46

An Paetus

Wenn er ⟨Caesar⟩ ein Staatswesen erstrebt, wie er es vielleicht will und wie wir alle es uns wünschen müssen, so weiß er doch nicht, wie er es anfangen soll; er hat sich in einem Netz von Bindungen verstrickt.

Aber das führt mich zu weit; ich schreibe ja an dich. Das will ich dir jedenfalls sagen: Nicht nur ich, der ich an seiner Beschlussfassung keinen Anteil habe, nein, er, der führende Kopf selber, weiß nicht, was werden soll. Wir nämlich sind seine Sklaven, er ist der Sklave der Verhältnisse. Somit kann weder er wissen, was die Verhältnisse fordern werden, noch wir, was er plant.

Rom, Ende September /
Anfang Oktober 46

An Servius Sulpicius Rufus

Eines allerdings haben wir dir voraus: Wir haben eher als du ⟨in Griechenland⟩ von der Begnadigung deines ⟨verbannten⟩ Mitkonsuls Marcellus gehört, ja wir haben miterlebt, wie alles zugegangen ist …

Caesar hatte sich erst über die »harte Haltung« des Marcellus beschwert, wie er es nannte …, erklärte aber auf einmal ganz wider Erwarten, wenn der Senat ein Bittgesuch für Marcellus einbringe, wolle er dies, selbst wenn es ein schlechtes Omen sei, nicht abschlagen …

Dieser Tag erschien mir so herrlich, mir war, als sähe ich einen Schimmer der wieder auflebenden Republik. Als nun alle, die vor mir aufgerufen wurden, Caesar ihren Dank aussprachen …, da habe ich, als ich an der Reihe war, meine Haltung geändert. Ich hatte mir ja vorgenommen – wahrhaftig nicht aus Trägheit, sondern in Erinnerung an meine einstige Vorrangstellung –, für immer zu schweigen. Diesen meinen Vorsatz habe ich gebrochen, wegen Caesars Seelengröße und der pflichttreuen Haltung des Senats. So habe ich Caesar in einer längeren Rede meinen Dank ausgesprochen.

Puteolanum, 19. Dezember 45

An Atticus

War das ein beschwerlicher Gast ⟨Caesar⟩ – und doch nachträglich nicht zu bedauern. Es war nämlich sehr nett.

Als er am zweiten Feiertag des Saturnalienfestes abends bei Philippus ⟨dem Gatten seiner Nichte Atia⟩ ankam, war die Villa von den Soldaten so mit Beschlag belegt, dass kaum ein Platz im Speisezimmer für Caesar blieb, wo er zu Abend essen wollte. Es waren nämlich 2000 Mann! Mir wurde angst und bange, wie das am nächsten Tag gehen sollte, aber Barba Cassius kam mir zu Hilfe und stellte Wachen zur Verfügung. Biwak auf freiem Feld, meine Villa wurde abgesperrt. Am dritten Feiertag blieb er bis gegen Mittag bei Philippus und empfing niemand. Finanzgeschäfte mit Balbus, vermute ich. Dann kam er von dort am Strand entlangspaziert ⟨zu mir⟩. Am Nachmittag begab er sich ins Bad. Da hörte er von Mamurra ⟨vermutlich vom Tode dieses seines Günstlings⟩; er blieb unbewegt. Dann ließ er sich salben und kam zu Tisch. Da er später ein Brechmittel nehmen wollte, aß und trank er ohne Bedenken und mit Appetit. Es war auch ein glänzendes und wohlvorbereitetes Diner, und nicht nur das, sondern auch ⟨wie es bei Lucilius heißt⟩ »gut gekocht und gut gewürzt bei gutem Gespräche, und wenn du's wissen willst, mit Genuss«.

Außerdem wurde sein Gefolge an drei Tafeln sehr anständig versorgt. Auch den weniger wichtigen Freigelassenen und den Sklaven fehlte es an nichts; die Vornehmeren habe ich exzellent bewirtet. Kurz und gut: Ich zeigte mich als Mann mit Lebensart. Dennoch war das kein Gast, zu dem man gesagt hätte: »Ich würde mich freuen, wenn du dich bei mir sehen lässt, falls du wieder einmal vorbeikommst.« Einmal genügt. Ernsthaftes gab's nichts in der Unterhaltung, dafür viel Literarisches. Kurzum, er hat sich wohl gefühlt und war gerne da. Einen Tag wolle er, wie er sagte, noch in Puteoli bleiben, einen weiteren dann in Baiae.

Da hast du nun die Geschichte von meinem Besuch, oder besser meiner Einquartierung: ein Ärgernis für mich, wie gesagt, aber doch nicht unangenehm. Ich bleibe noch ein paar Tage hier, dann will ich aufs Tusculanum.

Tusculanum, um den 17. August 45

An Atticus

Wie? Brutus meldet mir, er ⟨Caesar⟩ schließe sich den Patrioten an? Das wäre eine Freudenbotschaft. Aber wo will er die finden? Er müsste sich schon aufhängen ... Und was ist nun mit deinem Lieblingskunstwerk ⟨einem Stammbaum des Brutus⟩, das ich im Parthenon seiner Villa gesehen habe, was ist mit Ahala und Junius Brutus ⟨den Freiheitshelden seines Geschlechts⟩? Aber was soll er ⟨Brutus⟩ denn machen?

Bei Matius, 7. April 44

An Atticus

Als ich neulich auf Bitten des Sestius bei Caesar gewesen war und dasaß und wartete, bis ich aufgerufen wurde, hat er angeblich gesagt: »Da soll ich noch zweifeln, dass ich grimmig gehasst werde, wenn ein Marcus Cicero dasitzt und mich nicht sprechen kann, wie's ihm beliebt? Und wenn jemand umgänglich ist, dann doch er. Aber ich zweifle dennoch nicht, dass er einen gewaltigen Hass auf mich hat.«

Pompeianum, 3./4. Mai 44

An Atticus

Ich bin, das darfst du mir glauben, überzeugt, dass man gegen diesen ganzen verbrecherischen Klüngel zu Lebzeiten des Tyrannen eher ein Wort riskieren konnte als nun, da er tot ist. Er ertrug mich ja mit einer kaum begreiflichen Art von Gelassenheit. Nun fühle ich mich, wo ich gehe und stehe, an Caesar erinnert, nicht nur an seine Verordnungen, sondern auch an sein Denken und Trachten.

Oktober 44

Von den Pflichten

Man muss sich aber immer davor hüten, Unrecht zu tun. Besonders dann lassen sich viele dazu verleiten, die Gerechtigkeit völlig außer Acht zu lassen, wenn sie der Gier nach Herrschaft, hohen Stellungen und Ruhm verfallen sind … Das hat sich eben erst klar herausgestellt an der Verwegenheit Caesars. Alles göttliche und menschliche Recht trat er zu Boden, weil er sich in die Idee verrannt hatte, Alleinherrscher zu sein. Es ist hierbei bedauerlich, dass sich diese Sucht nach hohen Stellungen, Befehlsgewalt, Macht und Ruhm gerade bei Männern von höchstem Geist und glänzendem Talent findet. Umso mehr muss man sich in diesem Bereich vor Verfehlungen hüten.

Anhang

Zeittafel

v. Chr.

106 3. Januar: Marcus Tullius Cicero in Arpinum geboren
100 Gaius Iulius Caesar in Rom geboren
91 Cicero in Rom, Ausbildung als Anwalt und Politiker
80 Erste große Gerichtsrede Ciceros unter Sullas Diktatur: *Für Sextus Roscius aus Ameria*
79–77 Bildungsreise nach Griechenland
75 Cicero Quästor in Sizilien
70 Erstes Konsulat des Pompeius und Crassus
Cicero Anwalt im Verres-Prozess; führender Anwalt Roms
66 Cicero Prätor
Erste Staatsrede: *Für den Oberbefehl des Pompeius* im Mithridatischen Krieg
63 Cicero Konsul
Aufdeckung der Verschwörung des Catilina
5. Dezember: Senatssitzung und Todesurteil gegen die Catilinarier
Vier *Catilinarische Reden*
60 Erstes Triumvirat zwischen Caesar, Pompeius und Crassus
59 Caesar Konsul
Cicero verweigert den Anschluss an die Triumvirn
58 Clodius Volkstribun
Ächtung Ciceros
58–57 Cicero in der Verbannung in Dyrrhachium und Thessalonike
57 4. September: Ciceros Rückkehr nach Rom
56 Ciceros *Rede für Sestius*: politisches Programm eines Zusammenschlusses aller staatstreu Gesinnten (*consensus omnium bonorum*) gegen autokratische Tendenzen
Erneuerung des Triumvirats auf der Konferenz von Lucca

55 Zweites Konsulat des Pompeius und Crassus
Caesar in Gallien
Cicero ohne politischen Einfluss
Erste schriftstellerische Periode: *De oratore – Vom Redner; De re publica – Vom Staat; De legibus – Von den Gesetzen*
53 Entfremdung zwischen Pompeius und Caesar (Crassus bei Carrhae gegen die Parther gefallen)
52 Zerrüttung des politischen Lebens
Straßenterror
Clodius bei einem Zusammenstoß mit dem Konsulatsbewerber T. Annius Milo ermordet
Ciceros *Rede für Milo*
51 Cicero Statthalter in Kilikien
Herausgabe von *De re publica – Vom Staat*
49 Verhandlung über Caesars Ablösung in Gallien, Zuspitzung des Konflikts zwischen ihm und dem Senat
4. Januar: Rückkehr Ciceros und Vermittlungsversuche
11. Januar: Caesar überschreitet den Rubikon, Beginn des Bürgerkriegs
7. Juni: Cicero nach Griechenland ins Lager des Pompeius und der Senatspartei
48 9. August: Niederlage des Pompeius bei Pharsalos, Ermordung des Pompeius in Ägypten, Rückkehr Ciceros nach Brundisium
47 Caesar in Ägypten und Kleinasien
25. September: Begnadigung Ciceros, Rückkehr nach Rom
Caesar Diktator, Cicero politisch kaltgestellt
46 Sieg Caesars bei Thapsos in Afrika, Freitod Catos in Utica
46–44 Zweite schriftstellerische Periode Ciceros: *Tusculanae disputationes – Tuskulanische Gespräche; Brutus de claris oratoribus – Brutus oder Von den berühmten Rednern; Orator – Der Redner; Cato Maior de senectute – Cato der Ältere oder Vom Greisenalter; Laelius de amicitia – Laelius oder Über die*

Freundschaft; De officiis – Von den Pflichten. Reden für ehemalige Pompeianer: *Für Marcellus, Für Ligarius, Für den König Deiotarus*

45 Mitte Februar: Tod von Ciceros Tochter Tullia

17. März: Sieg Caesars bei Munda in Spanien und Rückkehr nach Rom, danach Diktator auf Lebenszeit

44 15. März: Caesar von Brutus, Cassius und anderen ermordet

44–43 Erneuter Bürgerkrieg

Cicero der Führer der Senatspartei im Kampf gegen den Caesar-Nachfolger Marcus Antonius: 14 *Philippische Reden*

43 21. April: Sieg der Konsuln Hirtius und Pansa über Antonius bei Mutina

Tod der Konsuln

Caesars Adoptivsohn Octavian verbündet sich mit Antonius und Lepidus (Zweites Triumvirat)

Ächtung ihrer Gegner (Proskriptionen)

7. Dezember: Cicero als Opfer der Proskriptionen bei Formiae ermordet

42 Niederlage und Tod des Brutus und Cassius bei Philippi

31 Sieg des Octavian bei Actium über Antonius

Ende des Bürgerkrieges

Octavian-Augustus Alleinherrscher

30 Octavian macht Ciceros Sohn zum Konsul

Textnachweise

Sämtliche Zitate wurden von der Herausgeberin übersetzt. Die Kapitel-Überschriften sind zitierten Textstellen entnommen und finden sich kursiviert innerhalb der Kapitel wieder. Erläuternde Zusätze stehen in spitzen Klammern.

Ciceros Briefe

M. Tulli Ciceronis Epistulae.
- Vol. 1: Epistulae ad Familiares. Rec. L. C. Purser. Oxford 1979.
- Vol. 2: Epistulae ad Atticum Pars prior (Lib. I–VIII). Rec. W. S. Watt. Oxford 1969. Pars posterior (Lib. IX–XVI). Rec. D. R. Shackleton Bailey. Oxford 1978.
- Vol. 3: Ad Quintum fratrem. Epistulae ad M. Brutum. Fragmenta epistularum Ed. W. S. Watt. Oxford 1958.

Ciceros Reden

M. Tulli Ciceronis Orationes.
- Vol. I: In Catilinam. Pro Caelio. Ed. A. C. Clark. Oxford 1961.
- Vol. II: Pro Milone. Pro Marcello. Philippicae I–XIV. Ed. A. C. Clark. Oxford 1956.
- Vol. III: In Verrem. Ed. G. Peterson. Oxford 1965.
- Vol. V: Pro Sestio. Ed. G. Peterson. Oxford 1962.
- Vol. VI: Pro Archia. Pro Plancio. Ed. A. C. Clark. Oxford 1964.

Ciceronis, M. Tulli, scripta quae manserunt omnia.
De re publica. Rec. K. Ziegler. Leipzig [7]1969.
De legibus. Ed. K. Ziegler. Heidelberg [2]1963.
Tusculanae disputationes. Ed. M. Pohlenz. Stuttgart 1957.
De finibus bonorum et malorum libri V. Ed. T. Schiche. Leipzig 1915. Nachdr. Stuttgart 1961.

M. Tulli Ciceronis De finibus bonorum et malorum. Ed. J. S. Reid. Cambridge 1925. Nachdr. Hildesheim 1968.

M. T. Ciceronis De officiis. Rec. M. Winterbottom. Oxford 1994.

M. T. Ciceronis De divinatione. Ed. A. St. Pease. Darmstadt 1963.

Verzeichnis der Textstellen

Att. Epistulae ad Atticum – Briefe an Atticus
Fam. Ad familiares – Briefe an die Freunde (und Verwandten)
Quint. Epistulae ad Quintum fratrem – An Bruder Quintus
Tusc. Tusculanae disputationes – Tuskulanische Gespräche
De fin. De finibus bonorum et malorum – Vom höchsten Gut und größten Übel

I

Als wärest du bei mir, wenn ich dir schreibe

21 Att. 1,18,1. | **23** 1 Att. 7,9,1. | 2 Att. 14,12,3. | 3 Fam. 9,26. | **25** Att. 12,53. | **26** Fam. 15,16,1. | **28** Fam. 15,18. | **29** 1 Fam. 15,17,1. | 2 Fam. 2,4. | **31** 1 Fam. 9,23. | 2 Fam. 9,24,2–4.

II

Was für Zeiten, was für Sitten!

34 In L. Catilinam – Erste Rede gegen Catilina 1f. | **35** Pro Cn. Plancio – Rede für Plancius 63 Ende; 64ff. | **36** In Verrem – Erste Rede gegen Verres Kap. 7, 18–20; Kap. 14, 40f. | **39** In Verrem – Zweite Rede gegen Verres Buch 5, Kap. 10, 25, Kap. 11, 28 | **40** Att. 1,16,3.5.8 Ende.9f. | **43** Pro Caelio – Rede für Caelius 13,31.38ff.; 18,42. | **46** Philippica in M. Antonium – Zweite Philippische Rede gegen M. Antonius 62f.; 65–67 | **49** Att. 4,3,2. | **50** Pro Milone – Rede für Milo 17f.; 20; 23; 27ff.; 30 | **55** Fam. 7,30,1f. | **56** Fam. 9,15,3f.

III

Ich halte mich durch meine Studien aufrecht

58 1 Quint. 2,13,1. | 2 Att. 4,10. | **59** Att. 1,20,7. | **60** Pro Archia – Rede für Archias 12 f.; 16. | **62** De re publica – Vom Staat 1,29. | **63** Tusc. 5,64–66; 61 f. | **65** Fam. 9,18. | **67** Fam. 9,16,7. | **68** 1 Fam. 9,8,2. | 2 Fam. 9,1,2.

IV

Einen Zufluchtsort zu besitzen

70 1 Att. 1,6,2. | 2 Att. 1,9,2. | **71** 1 Att. 1,10,4. | 2 Att. 1,3,2. | 3 Fam. 7,23,1 | **72** Fam. 7,20,1 f. | **73** Att. 4,4a. | **74** 1 Att. 4,8. | 2 Fam. 7,18,3. | **75** Quint. 3,1.5 | **76** Fam. 7,26. | **78** Fam. 7,1 ff. 5. | **82** 1 Att. 12,9. | 2 De legibus – Von den Gesetzen 2,1,3.

V

Diese großen und hochwohlgeborenen Herren

84 1 In Verrem – Erste Rede gegen Verres Kap. 5–6, 15 | 2 In Verrem – Zweite Rede gegen Verres Buch 5, Kap. 179–183 | **85** In Verrem – Zweite Rede gegen Verres Buch 3, Kap. 4,7 | **86** Att. 6,1,2. | **87** Fam. 3,7,2.4 f. | **89** Att. 1,19,6. | **90** Att. 4,5,1–3. | **91** 1 Att. 2,1,7. | 2 Att. 1,18,6. |
3 Pro P. Sestio – Rede für Sestius 100. | **93** Pro P. Sestio – Rede für Sestius 96 f.

VI

Die Meinen

94 1 Att. 1,18,1. | 2 Att. 7,2,4. | 3 Quint. 1,3,1.5 f.10. | **96** Fam. 14,1,1–3.5 f. | **98** Fam. 14,3,5. | **99** 1 Quint. 1,3,3. | 2 Att. 6,6,1. | **100** 1 Fam. 2,15,2. | 2 Att. 7,3,12. | **101** 1 Att. 1,17,1.3. | 2 Att. 5,1,3 f. |

103 De officiis – Von den Pflichten 1,1 ff. | **105** De officiis – Von den Pflichten 3,121 | **106** 1 Att. 15,16. | 2 Att. 11,17. | **107** Fam. 14,20. | **108** 1 Fam. 6,18,5. | Fam. 16,4.

VII
Ich sollte nicht trauern – wie könnte man das?

110 Att. 12,14,3. | **111** 1 Att. 12,15. | 2 Att. 12,18,1. | **112** 1 Att. 12,23,3. | 2 Att. 12,23,1. | **113** Att. 12,40,2 f.

VIII
Ich kannte mich selbst noch nicht

114 1 Att. 5,11,1.5. | 2 Att.6,1,21. | **115** Fam. 2,11,2. | **116** Att. 5,20,1 ff.6.

IX
Dass wir keinen Staat mehr haben

119 Fam. 1,7,10. | **120** Quint. 3,5,4. | **121** Att. 4,6,1 f. | **122** Att. 7,11,1. | **123** 1 Att. 8,3,1. | 2 Att. 9,4,2. | **124** 1 Att. 8,11,2. | 2 Att. 8,7,2. | **125** 1 Fam. 4,9,3. | 2 Fam. 9,20,3. | **126** Fam. 4,13,1–3. | **128** Quint. 3,7,2.

X
Philosophie, du Führerin des Lebens

129 Tusc. 1,117 ff. | **130** Tusc. 5,5 f. | **131** De divinatione – Von der Weissagung II Prooemium 1–7. | **132** De fin. 5,67. | **133** De fin. 1,1 f.4.8.10. | **135** Tusc. 2,1.4 f.

XI

Caesar zu bessern

136 1 Att. 2,1,6. | 2 Quint. 3,5,3. | **137** 1 Att. 7,3.10 Ende. 11 | 2 Att. 9,18. | **140** Fam. 9,17,2 f. | **141** Fam. 4,4,3 f. | **142** Att. 13,52. | **143** Att. 13,40,1. | **144** 1 Att. 14,1,2. | 2 Att. 14,17,6. | **145** De officiis – Von den Pflichten 1,26.